GOLDMANN
ESOTERIK

Umschlagillustration:

Für die Umschlagillustration wurde ein dreidimensionales Illusionsbild aus den Bänden »Das magische Auge«, erschienen in der arsEdition München, verwendet. Und so können Sie das 3D-Bild erkennen: Führen Sie das Buch an die Nasenspitze. Blicken Sie geradeaus, als würden Sie durch das Bild hindurchsehen. Bewegen Sie das Buch langsam von sich weg und blinzeln Sie nicht. Vor Ihren Augen entwickelt sich ein dreidimensionales Bild …

Buch

Dies ist ein Selbsthilfebuch anderer Art: Unterstützt von ihrer Freundin und Engel-Spezialistin Mary Beth Crain fordert Terry Taylor uns auf, die Suche nach den Kräften für ein glückliches und erfolgreiches Leben in Freude und Harmonie nicht nur in uns selbst zu beginnen. Sie erinnert uns in liebevoller, poetischer und oftmals sehr humorvoller Art daran, daß uns für diesen Prozeß der Selbstfindung mächtige Wesen zur Seite stehen, die nicht von dieser Welt sind – Engel.

Die Schutzgeister, um die es in diesem Buch geht, erscheinen oftmals in menschlicher Gestalt, sind glücklich und positiv und können unser alltägliches (und unser nicht-alltägliches Leben) mit ihren außergewöhnlichen Gaben sehr bereichern. Terry Taylor weist uns schrittweise den Weg dazu.

Sie erläutert Wesen und Wirken dieser Schutzgeister und zeigt uns, wie wir ganz praktisch mit ihnen in Kontakt treten können, um sie dafür zu gewinnen, ihre Kräfte für uns wirken zu lassen.

Wer sich der englischen Präsenz auf Erden bewußt ist und ständig in Kontakt mit ihr steht, wird an der himmlischen Heiterkeit und dem Optimismus dieser Wesen genesen.

Autorin

Terry Taylor lebt als Schriftstellerin in den USA; der Schwerpunkt ihrer Arbeit liegt auf spirituellen Themen. Seit sie sich als Engel-Spezialistin profiliert hat, hat ihr Leben entscheidend an Tiefe und Freude gewonnen.

TERRY LYNN TAYLOR

Warum Engel fliegen können

Lichtvolle Kontakte mit unseren Schutzgeistern

Aus dem Amerikanischen übertragen von
Kollektiv Druck-Reif

GOLDMANN VERLAG

Sonderausgabe
Der Titel ist bereits unter der Nummer 12117
als Goldmann-Taschenbuch erschienen.

Originaltitel: Angels Can Fly
Originalverlag: H J Kramer Inc., Tiburon, California

Deutsche Erstausgabe

Umwelthinweis:
Alle bedruckten Materialien dieses Taschenbuches
sind chlorfrei und umweltschonend.

Der Goldmann Verlag
ist ein Unternehmen der Verlagsgruppe Bertelsmann

Umschlaggestaltung: Design Team München
Umschlagillustration: Aus dem Buch »Das magische Auge II«,
© 1994 N. E. Thing Enterprises,
erschienen im Verlag arsEdition München und Zug
Satz: Uhl + Massopust, Aalen
Druck: Presse-Druck Augsburg
Verlagsnummer: 43024
Ba · Herstellung: Gisela Rudolph/sc
Made in Germany
ISBN 3-442-43024-0

10 9 8 7 6 5 4 3 2 1

Inhalt

Vorwort

Als ich Terry Taylor kennenlernte und das erste Mal von ihren eindrucksvollen Begegnungen mit Engeln hörte, war ich fast ein bißchen neidisch. Solche Erfahrungen wollte ich auch gerne machen.

Jeden Abend, wenn ich ins Bett ging, schickte ich in Gedanken ein Gebetstelegramm ab mit der Bitte, einmal einem wirklichen Engel zu begegnen. »Gut, höchster Engel. Wenn es dich tatsächlich gibt, dann beweise es mir. Ich möchte einen Engel kennenlernen. Und zwar so bald wie möglich. Vielen Dank im voraus.«

Ich dachte mir, daß ich die Sache ruhig ganz direkt ansprechen konnte, denn Terry hatte mir versichert, daß die Engel es gut finden, wenn man keine großen Umstände macht, und daß sie außerdem viel Humor haben und lustig sind. Ich hoffte nur, daß sie sich nicht auf meine Kosten einen Scherz erlauben würden, denn die Wochen vergingen, und der einzige auch nur andeutungsweise himmlische Besuch, der bei mir klingelte, waren zwei Zeugen Jehovas. Ich wurde die beiden wohlbeleibten Damen schnell wieder los, aber ich hatte dann doch ein etwas schlechtes Gewissen, denn plötzlich kam mir der Gedanke, daß sie vielleicht verkleidete Engel gewesen sein könnten und ich somit alles vermasselt hätte.

»Mach dir deswegen keine Sorgen«, meinte Terry lachend, »du wirst schon noch deinem Engel begegnen. Nur Geduld.«

Ein paar Wochen später saß ich in einem Café in Silverlake, einem Stadtteil von Los Angeles, als mir von einem der Tische ein rundlicher, vergnügter, bärtiger junger Mann in einem grellbunten Hawaiihemd zuwinkte.

»Sie sehen aus, als würden Sie sich gerne etwas Wunderschönes ansehen, was ich gerade gekauft habe!« sagte er augenzwinkernd.

»Natürlich«, erwiderte ich.

Er kam an meinen Tisch und holte aus einem großen Beutel den schönsten aus Stein gehauenen Cherub heraus, den ich je gesehen hatte.

»Oh!« murmelte ich atemlos. »So einen wünsche ich mir schon über ein Jahr!«

»Möchten Sie ihn haben?« fragte er lächelnd.

»Und ob ich möchte! Ich meine ...« Ich schaute ihn fragend an. »Was kostet er denn?«

»Für zwölf Dollar gehört er Ihnen.«

Ich wußte, daß das ein ausgesprochen günstiges Angebot war, weil ich vor kurzem im Kaufhaus gesehen hatte, daß dort ziemlich mickrige Cherubim aus Terracotta bereits fünfunddreißig Dollar kosteten.

»Einverstanden«, sagte ich und nahm den Engel. »Wer sind Sie überhaupt?«

Mein neuer Freund zuckte die Schultern und ließ sich auf einen der Stühle an meinem Tisch fallen. »Essen Sie, essen Sie!« ermahnte er mich. »Man sollte nie das Essen kalt werden lassen.«

Ich erfuhr, daß er Chris L'Esperance hieß, Maler war und eine Sammlung von mehr als hundertfünfzig Engeln und Cherubim besaß. Das traf mich wie ein Blitz aus heiterem Himmel.

»Sind Sie ein Engel?« wollte ich wissen.

Chris lachte laut. »Wer weiß. Sind Sie einer?«

»Nicht, daß ich wüßte. Aber Sie erfüllen alle Voraussetzungen für einen Engel – jedenfalls nach den Beschreibungen meiner Freundin Terry Taylor, die gerade ein Buch zu dem Thema schreibt. Sie sind glücklich und freundlich, Sie lachen gerne, und Sie haben mir gerade ein geheimnisvolles Geschenk des Himmels überreicht.«

Chris betrachtete mich aufmerksam. »Brauchen Sie denn sonst noch etwas?«

»Klar«, antwortete ich. »Etwa fünftausend Dollar, und zwar noch vor dem 15. April.«

»Steuern?«

»Mhm.«

»Wann ist der 15. April?«

»In zwei Wochen. Na ja, egal, ich weiß, es ist lächerlich. Ich kann mir nicht vorstellen, wie ich bis zum 15. an fünftausend Dollar kommen soll.«

Er schwieg einen Augenblick.

»Sie werden das Geld bekommen«, verkündete er dann. »Nicht in zwei Wochen. Aber in drei. Sie bekommen viel Geld. Sehr viel Geld.«

Die Art, wie er redete, berührte mich seltsam. Ich weiß auch nicht, warum, aber mir war einfach klar, daß Chris nicht einer von den normalen Spinnern war, denen man in Los Angeles überall begegnet.

Ich raste nach Hause und rief Terry an. »Ich habe gerade einen Engel getroffen!« platzte ich heraus. »Du mußt dir unbedingt den Cherub ansehen, den er mir verkauft hat. Und er sagt, ich würde das Geld für meine Steuern in drei Wochen bekommen.«

Terry lachte ihr wunderbares, helles Lachen. »Das ist ja großartig«, sagte sie. »Aber vergiß nicht, daß Engel sich manchmal um einen paar Wochen oder sogar Monate vertun. Zeitgefühl ist nicht gerade ihre Stärke.«

»Wenn er sich um ein paar Jahre vertan hat, was sage ich dann dem Finanzamt?«

»Ach, wahrscheinlich ist er ziemlich nah dran. Mach dir keine Sorgen.«

Drei Tage später saß ich in der Wohnung meines Agenten, als das Telefon klingelte. Fünf Minuten später kam er zurück und fragte:

»Wie wär's mit einem Scheck über achttausend Dollar?«

Ich hatte wieder dieses seltsame Gefühl.

»Wie das denn?«

»Das war ein Lektor. Er hat ein Buchprojekt und sucht jemanden, der schreiben kann. Du wärst genau richtig dafür.«

Um es kurz zu machen: Ich bekam den Auftrag und fünf Wochen später einen Scheck über achttausend Dollar.

»Der Engel hat sich nur um zwei Wochen geirrt«, sagte ich zu Terry. Ich hatte sie zum Essen eingeladen, um meinen Erfolg zu feiern.

»Nicht schlecht. Manchmal hauen sie nämlich wirklich ganz schön daneben. Aber eigentlich nur, wenn sie sich einen Spaß mit dir erlauben wollen oder wenn du um irgend etwas ganz Blödes bittest. Dein Engel wußte genau, daß du das Geld brauchst.«

Ich bin fest davon überzeugt, daß es Engel gibt und daß sie in unser Leben treten, wenn wir sie rufen – und auch wenn wir sie nicht rufen. Terry Taylor wird Ihnen zeigen, wie Sie sich mit den Engeln in Verbindung setzen können, wie Sie sie finden und sie für Ihre Zwecke einsetzen können. Und was das Wichtigste ist: wie Sie das Leben lieben lernen, genau wie die Engel.

Engel sind nicht nur diese Wesen mit Flügeln, wie wir sie aus der jüdisch-christlichen Tradition kennen, die in irgendwelchen verstaubten himmlischen Reichen wohnen. Sie sind auch keine Toten, denen plötzlich Flügel wachsen. Jedenfalls nicht in Terrys Buch. Terry weist überzeugend nach, daß sich die Engel auf der Erde bewegen, genau wie Sie und ich. Es kann durchaus sein, daß Sie und ich dazugehören, denn jeder von uns hat engelhafte Fähigkeiten, die nur darauf warten, freigelegt zu werden. Terry ist Engeln in ganz verschiedener Gestalt begegnet: als Tankwarte, Stadtstreicher, Kellnerinnen und so weiter. (Ich selbst habe einen Engel getroffen, der in einem der gräßlichsten McDonald's in Los Angeles bediente.)

Und wenn Sie erst einmal fähig sind, zu erkennen, wer ein Engel ist, dann wird das Leben plötzlich zu einem wunderbaren Abenteuer, und die Leute, denen Sie begegnen, sind keine gesichtslosen Fremden mehr, sondern potentielle Glücksbringer.

Durch Terry habe ich schnell gelernt, wie man mit dem Himmel Kontakt aufnimmt. Ich erfuhr, was Engelspost ist – eine Technik, mit der man an die persönlichen Engel verschiedener Leute Briefe schicken kann, wenn man ihre Hilfe braucht oder nicht mehr von ihnen belästigt werden möchte. Ich lernte, was Engelskonferenzen sind: Treffen, bei denen wir so viele Engel, wie wir nur wollen, versammeln können, um Probleme zu besprechen, die gerade anstehen. Ich habe erfahren, was eine Engelstasche ist: eine sehr bequeme Art von Gepäck, kleiner und leichter als eine Handtasche. Wir können Leute und Situationen hineinpacken, die uns zu schaffen machen, und sie per Luftpost den Engeln zuschikken, damit diese sich darum kümmern. Vor allem aber habe ich gelernt, Dinge, die mich belasten, loszulassen und sie dem Kosmos anzuvertrauen. Und ich glaube inzwischen wirklich, daß ich alles, was ich im Leben will, auch haben kann.

Oder jedenfalls fast alles. Die Engel haben mir zum Beispiel nie zu meiner Traumehe verholfen. Jedenfalls nicht mit dem Mann, den ich mir dafür ausgesucht hatte. Das ärgerte mich damals sehr. »Wie funktioniert das denn nun mit dieser Engelspost?« fragte ich Terry eines Tages schlechtgelaunt, sechs Monate nachdem ich einen Brief an meinen höchsten Engel geschickt und ihn gebeten hatte, uns wieder zusammenzubringen. »Es sind jetzt schon sechs Monate vergangen, und ich habe nichts von den Engeln gehört. Ihre Post muß ja noch schlechter organisiert sein als in Italien.«

»Du mußt Vertrauen haben«, versicherte mir Terry. »Wenn sie dir etwas nicht geben, dann hat das seinen guten Grund.«

Allerdings. Auf einer Skala zwischen eins und zehn lag

dieser Mann bei minus sechs, wie sich herausstellte. Er machte mir das Leben so schwer, daß ich schon kurz davor war, ins Kloster zu gehen. Und ein Jahr nachdem ich meine Engelspost abgeschickt hatte, lief mir der Mann über den Weg, auf den ich mein ganzes Leben gewartet hatte.

»Siehst du?« sagte Terry. »Du hast deinen Brief einfach an die falsche Adresse geschickt, das ist alles. Die Engel haben ein ganzes Jahr gebraucht, um den richtigen Adressaten ausfindig zu machen.«

Ich bin also inzwischen fest davon überzeugt, daß es Engel gibt. Und nach der Lektüre von Terrys Buch wird es Ihnen sicherlich ebenso gehen. Ich hoffe es sehr, denn wenn Sie zulassen, daß sich die Engel um all das kümmern, was Ihnen bisher fast den Verstand geraubt hat, dann befinden Sie sich auf dem Weg zum wirklichen Glück. Packen Sie also alle Ihre Sorgen und Kümmernisse in eine Engelstasche und freuen Sie sich des Lebens. Die Engel sind bei Ihnen.

MARY BETH CRAIN

Einleitung

Mit Hilfe dieses Buches können Sie lernen, Engel wahrzunehmen. Dabei geht es nicht darum, ob Sie an die Existenz von Engeln glauben oder nicht, sondern darum, daß Sie deren Verhaltensweisen kennenlernen, damit Sie ihre Hilfe in Ihr Alltagsleben integrieren können.

Es gibt ganz verschiedene Ratgeber und Bücher, die positives Denken lehren; *Warum Engel fliegen können* gehört allerdings nicht in diese Kategorie. Engel sind das Verbindungsglied zwischen den einzelnen Theorien und Anleitungen zur Selbsthilfe. Sie, die stets hilfsbereiten Abgesandten Gottes, sind bisher bei den Selbsthilfe-, Entwicklungs- und Bewußtseinsveränderungsprogrammen vernachlässigt worden. Diese Programme gehen nämlich davon aus, daß man alles alleine und für sich selbst tut. Engel hingegen sind als die vom Himmel entsandten Botschafter immer da, um uns zu helfen, in unserem Leben himmlische Zustände zu schaffen. Dieses Buch soll dazu beitragen, Ihre Wahrnehmung von der Existenz der Engel zu erweitern, damit Sie bei Ihrer spirituellen Entwicklung auf dem Weg zum Glück Hilfe aus der unsichtbaren Welt bekommen können.

Wenn Sie genau zuhören, werden Sie in Liedertexten von Engeln hören. Sie werden Engel in Gesichtern, auf Gemälden, in Fenstern oder am Himmel entdecken. Vielleicht spüren Sie, wie sich sanft eine Hand auf Ihre Schulter legt. Oder Sie lesen in der Zeitung von Engeln und hören abends in den Nachrichten etwas über Engel. Und es kann sein, daß Sie ihren Jasmin- oder Rosenduft an den seltsamsten Orten riechen. Wenn Sie erst einmal suchen, dann finden Sie Engel überall.

Zum Aufbau dieses Buches

Warum Engel fliegen können ist in fünf Teile untergliedert, die aufeinander aufbauen, das heißt, die Information jedes einzelnen Abschnitts ist für die folgenden Teile nützlich.

Die Kapitel sind aus verschiedenen Gründen kurz gehalten. Erstens sind Engel leicht und verspielt. Sie möchten nicht, daß die Informationen über sie uns erdrücken. Außerdem soll dieses Buch keine fertigen Antworten geben, sondern Sie sollen vielmehr ermutigt werden, kreativ mit Ihren Fragen und Problemen umzugehen – auf ganz persönliche Art, selbständig und in dem sicheren Wissen, daß Ihnen die Engel beistehen.

In Teil 1 geht es um die Natur und die Herkunft der Engel – auf »leichte« Art dargestellt. Engel gibt es schon sehr lange, und sie tauchen in fast allen Religionen und Kulturen der Welt auf, allerdings in verschiedenen Erscheinungsformen. Dieser Abschnitt behandelt die Engel in ihrem eigenen Reich, das heißt, im Himmel.

Teil 2 stellt die Engel vor, über die Sie in diesem Buch vor allem lesen, und erklärt die verschiedenen »Heiligenscheine« der Engel. Es geht vor allem darum, welche Rollen Engel übernehmen und welche speziellen Fähigkeiten sie haben.

In Teil 3 werden die verschiedenen Methoden beschrieben, wie Sie Engel herbeirufen können. Sie lernen, wie Sie sie auf sich aufmerksam machen können, damit Sie das Gewünschte erreichen und Spaß am Leben haben.

In Teil 4 zeige ich Ihnen Beispiele, wie Sie ein »engelhaftes« Leben führen können. Ich stelle Ihnen ein paar Ideen und Praktiken vor, wie Sie Ihr Höheres Selbst besser in Ihren Alltag einbringen können.

Teil 5 ist eine Zusammenstellung wichtiger Beiträge zum Thema Engel. Dazu gehören Beschreibungen von Erfahrungen, die andere Leute mit Engeln gemacht haben, außerdem eine Liste mit Büchern und verschiedenen Materialien über Engel.

Es ist hilfreich, wenn Sie parallel zur Lektüre dieses Buches ein Engeltagebuch führen, dort Ihre Gedanken über Engel aufschreiben und festhalten, wie Sie die Methoden, die in den verschiedenen Kapiteln empfohlen werden, in die Praxis umsetzen. In der Einleitung zu Teil 3 finden Sie genauere Hinweise dafür, wie ein solches Engeltagebuch aussehen kann.

Warum ich dieses Buch geschrieben habe

Sie fragen sich vielleicht, woher ich meine Informationen beziehe und warum ich beschlossen habe, dieses Buch zu schreiben.

Seit ich denken kann, weiß ich, daß es Engel gibt und daß sie eine gute Sache sind. Meine Philosophie lautet: Warum etwas in Frage stellen, das mir doch unmittelbar einleuchtet? Statt die Existenz von Engeln zu widerlegen, habe ich also positive Informationen über sie gesammelt und in meinem Hinterkopf gespeichert – sozusagen ein laufendes Forschungsprojekt. Als Teenager war ich ziemlich wild und leichtsinnig, und ich hatte eine Freundin, die genauso war wie ich. Jedesmal wenn uns beinahe etwas passiert war, meinten wir, unsere Schutzengel hätten sicher bald genug davon, dauernd Überstunden zu machen. Außerdem fanden wir heraus, daß unsere Schutzengel noch für andere Dinge gut waren, als uns ständig zu retten. Wir merkten bald, daß sie uns halfen, das zu bekommen, worum wir sie baten. Wenn ich mir überlege, was für alberne Dinge wir von ihnen haben wollten, wird mir im nachhinein klar, wieviel Geduld sie mit uns hatten und wie liebevoll sie mit uns umgingen. Aber das ist gerade das Schöne an der Sache: Alle menschlichen Wünsche werden von den Engeln berücksichtigt, gleichgültig, ob sie wichtig sind oder nicht, und sie werden in die Wirklichkeit umgesetzt, wenn sie für alle Beteiligten gut (oder wenigstens nicht schädlich) sind.

Vor etwa fünf Jahren nahm mein Forschungsprojekt konkretere Formen an, und zwar mit Hilfe meiner Freundin und spirituellen Begleiterin Shannon. Gemeinsam begannen wir nun ernsthaft nach Büchern und anderen Quellen über Engel und ihre Wesensart zu forschen. Als erstes suchten wir Leute auf, die Erfahrungen mit Engeln gemacht hatten oder von denen wir glaubten, daß sie Engel seien. Jedesmal wenn wir jemanden kennenlernten, fragten wir: »Haben Sie schon einmal einen Engel gesehen?« Schon bald fielen uns die Synchronizitäten auf, die uns die Engel vermittelten. Vor allem aber entdeckten wir, wie vergnüglich und leicht das Leben sein kann, wenn die Engel gegenwärtig sind und zur zentralen Kraft werden.

Als ich mich zuerst mit dem Gedanken beschäftigte, ein Buch über Engel zu verfassen, schrieb ich alle mystischen, metaphysischen und übersinnlichen Erfahrungen Engeln zu. Damals steckte ich alle außerirdischen und medialen Wesen, von denen ich je gehört hatte, mit den Engeln in eine Schublade. Ich wollte außerdem vermeiden, in diesem Buch von Gott zu reden, weil ich befürchtete, das könnte manche Leser abschrecken. Aber als ich dann tatsächlich anfing, über Engel zu schreiben, nahm alles eine andere Wendung. Ich merkte, daß die Erfahrungen, die viele Leute mit außerirdischen Wesen gemacht hatten, einfach nicht zu mir bekannten Erlebnissen mit Engeln paßten. Sie waren grundsätzlich anders.

Weil es sich dabei um subjektive Erfahrungen handelt, die theoretisch schwer zu fassen sind, will ich hier nicht näher darauf eingehen. Ich will nur den grundlegenden Unterschied zwischen den Berichten über Begegnungen mit außerirdischen oder ätherischen Wesen und den Erfahrungen mit Engeln darstellen. In allen Situationen, bei denen es nicht um Engel ging, handelte es sich um einen starken Eingriff (positiver oder negativer Art) in das Leben desjenigen, der die Botschaften erhielt oder die Erfahrungen machte. Die Botschaften kamen immer in Form von »Worten«, oft mit sehr ausführlichen Details. Im Gegensatz dazu waren die Kontakte mit Engeln immer mit angenehmen Gefühlen und kreativen Eingebungen verbunden und mit einer Art »gewährender« Nichteinmischung. Worte im eigentlichen Sinn verwendeten die Engel nicht; es war vielmehr so, daß die Betroffenen diese »Mitteilungen« später in Worte übersetzten, damit sie überhaupt beschreiben konnten, was geschehen war und wie sie sich fühlten. In allen Fällen hinterließ das Erlebnis ein Gefühl von Wohlbefinden und tiefem inneren Frieden.

Ich fand es schwierig, über Engel zu sprechen, ohne Gott zu erwähnen. Die Vorstellung, daß Engel beliebig und ziellos im Kreis herumfliegen und zufällig zwischendurch etwas Nettes tun, ohne eine leitende Autorität oder ein höheres Wesen im Hintergrund und ohne ein höheres Ziel, kam mir albern vor. Wenn ich also auf Gott zu sprechen komme, dann meine ich damit die Liebe, die als Daseinszweck hinter den Engeln steht – die Liebe, die sie verschenken, um die Liebe im Universum zu erhalten.

Meine Informationen stammen aus ganz unterschiedlichen Quellen: aus persönlichen Erfahrungen, aus der Literatur und von den Menschen, die ich kenne. Die Hauptquelle des Buches war jedoch mein starker, intuitiver innerer Glaube an Engel. Er beruht auf einer Synthese aller Informationen, die mir von außen zugetragen wurden, und auf einem tiefen inneren Wissen. Natürlich bat ich Engel, mich zu inspirieren. Allerdings glaube ich nicht, daß ich Engeln als Medium im traditionellen Sinn gedient habe, weil sie durch Gefühle zu uns sprechen und uns durch Inspiration leiten. Vor allem aber geben Engel mir das Gefühl, daß ich nicht allein bin im

Universum und daß ich geliebt werde. Ich habe versucht, mir selbst und ihnen treu zu bleiben. Durch dieses Buch will ich die Informationen über das, was mein Leben vergnügt, glücklich, sinnvoll, aufregend, erfolgreich, liebevoll, leicht und weniger ernst gemacht hat, mit Ihnen teilen.

Hier sind ein paar der wichtigsten Botschaften der Engel: Das Leben ist im Grund nicht tödlich ernst. Humor und Leichtigkeit bedeuten Kreativität. Das Leben kann so schön sein wie die Farben des Himmels. Die Menschen sollten wieder spielen und sich freuen wie Engel im Himmel. Wir können darauf vertrauen, daß Engel liebevoll mit uns umgehen, und dadurch lernen, uns selbst anzunehmen und zu lieben.

Engel machen unser Leben glücklicher und leichter. Nehmen Sie dieses Buch als eine Art Reiseführer in ihr Reich! Entdecken Sie, wie Sie Engel wahrnehmen und auf sich aufmerksam machen können. Wenn Sie das tun, dann werden Engel ihre Geheimnisse mit Ihnen teilen.

Danksagungen

Es hat Spaß gemacht, dieses Buch zu schreiben. Als die Leute erfuhren, daß ich ein Buch über Engel schreibe, hatten alle etwas dazu beizutragen, und viele boten ihre Hilfe an. Engel haben mir in den letzten paar Jahren zahlreiche neue Freunde zugeführt und mich den Freunden, die ich schon hatte, nähergebracht. Es gibt so viele Menschen, denen ich für ihre Hilfe und ihre Inspiration bei der Entstehung dieses Buches danken möchte.

Zuerst und vor allem möchte ich Francis Jeffrey danken. Francis redete mir gut zu und half mir beim Schreiben, steuerte viele neue Ideen bei und zeigte mir, wie ich meine eigenen Gedanken klarer formulieren konnte. Außerdem schrieb er ein sehr schönes Essay für das Engelsforum in Teil 5.

Als mir klargeworden war, daß ich dieses Buch schreiben konnte, sollte und mußte, versuchte ich, meine langjährige Freundin und spirituelle Schwester Shannon Boomer für das Projekt zu interessieren. Sie überzeugte mich davon, daß ich das Buch gut alleine schreiben konnte, und versprach, mir dabei zu helfen. Ein Großteil des Buches beruht auf Erfahrungen, die wir gemeinsam gemacht haben, und geht auf unsere langen Gespräche über Engel zurück, die wir in den letzten fünf Jahren geführt haben.

Dann möchte ich Linda Hayden danken, einer anderen langjährigen Freundin. Als ich ihr von meinem Projekt erzählte, fing sie sofort an, Informationen für mich zu sammeln. Sie wurde mein wichtigster »Cheerleader«, das heißt, sie feuerte mich an und war immer zur Stelle, um mich zu ermutigen, wenn ich von Zweifeln geplagt wurde. Linda weiß, was Schönheit bedeutet und welch heilsame Kraft sie besitzt. In ihrer Anwesenheit spürte ich oft den Zauber der Engel.

Mein Vater reagierte zuerst ganz ironisch auf mein Buchprojekt: »Na ja, wir wissen ja, daß du zu Hause von Engeln umgeben warst.« Das stimmt. Im Haus meiner Eltern habe ich immer Engel um mich. Meine Mutter Nancy und mein Vater Gordon haben sehr viel Ähnlichkeit mit Engeln, sie wissen es nur nicht. Ihre bedingungslose und unermüdliche Liebe hat mir über viele Veränderungen und schwierige Phasen in meinem Leben hinweggeholfen. Ich möchte ihnen dafür danken, daß sie mir auch bei einer weiteren Veränderung beigestanden haben – nämlich beim Schreiben dieses Buches. Außerdem möchte ich meiner Schwester Kathy und ihrem Mann Steve und ihren Kindern Elizabeth, Jessica und Nicholas dafür danken, daß sie mit ihrem Humor und ihrer Fröhlichkeit zu diesem Buch beigetragen haben. Jessica möchte ich auch für ihre lustigen Bemerkungen über Engel danken, die ich an verschiedenen Stellen verwendet habe.

Mein Dank gilt zudem meinen Brüdern Tim und Kevin für ihre Hilfe und Inspiration.

Die Engel brachten mir meinen Literaturagenten Daniel Kaufman direkt ins Haus. Sein Enthusiasmus, seine Intelligenz und seine natürliche Geschäftsbegabung waren genau das, was die Engel wollten. Ich möchte ihm und seiner Frau Gina, die ein Beispiel engelhafter Schönheit ist, für ihre Unterstützung und ihren Zuspruch danken – und für die stärkenden Mahlzeiten, die sie während des Projektes immer wieder für mich zubereiteten. Ich möchte auch ihrer kleinen Tochter Anastasia dafür danken, daß sie ein Engel ist, und ich bin Daniel sehr dankbar für den Teil, den er für das Engelsforum schrieb.

Bei Daniel muß ich mich auch dafür bedanken, daß er Mary Beth Crain in mein Leben gebracht hat. Sie spielte eine sehr wichtige Rolle bei diesem Projekt, fungierte als Beraterin, schrieb das Vorwort und einen Beitrag zum Engelsforum. Mein Dank gilt ihrer Hilfe und ihrer spontanen und wertvollen Freundschaft.

Die erste positive Reaktion, die ich aus der Verlagswelt erhielt, kam von Dan Joy, einem Lektor bei J. P. Tarcher, Inc. Er trug viel dazu bei, daß ich den richtigen Verlag fand. Ich danke ihm für seine unschätzbare Hilfe.

Die Engel wußten genau, wo sie suchen mußten, als sie den richtigen Verleger für mich ausfindig machten. Hal und Linda Kramer sehen ihre Aufgabe darin, die Welt besser und glücklicher zu machen. Es hätte für dieses Buch keine besseren Verleger geben können, und ich möchte ihnen für ihr Verständnis, ihren Sachverstand und für ihre Hilfe beim Entstehen dieses Buches danken.

Hal und Linda wußten, wer die geeignete Person war, um dieses Buch zu redigieren. Nancy Grimley Carleton schloß sich uns gegen Ende an und gab meiner Arbeit den richtigen Schliff.

Vielen meiner Freunde bin ich zu großem Dank verpflichtet: Violet und Derek Budgell für ihre Anregungen und für die wunderschönen Engelsgeschenke, die sie mir zur Inspiration schenkten (und Violet besonders noch dafür, daß sie soviel engelhaften Charme besitzt); Deirdre Briggs für ihre Hilfsbereitschaft und Großzügigkeit und für die vielen Bücher und Informationen, die sie mir zum Thema Engel gegeben hat; Laura und Dean Larson für ihre Ermutigungen, für ihre Weihnachtsparty mit dem Thema Engel und für die Engelschönheit, die Laura in ihrer Malerei und Dean in seinen Photographien verwirklicht; und Diane Piazzi für vierzehn Jahre voll Humor, Lachen und Freundschaft.

Die Leute, die mich umgaben, solange ich dieses Buch geschrieben habe, ermutigten mich, und es war nie langweilig mit ihnen. Ich möchte Lisa Lyon-Lilly, Barbara Clarke-Lilly, Nina Lilly, Charles Lilly, Frankie Lee Slater, Rudy Vogt und Chicharra dafür danken, daß sie immer für mich da waren: mit ermunternden Worten, mit Humor, Anregung und vor allem mit ihrer Freundschaft.

Zu den Freunden, die mir viel geholfen haben, gehören auch George und Jackie Koopman, Jai Italiander, Jeannie St. Peter, Brummbaer, Larry Raithaus, Joe D. Goldstrich, Michael Siegel, Patricia Le Dell und Leticia Boyle. Ich danke Theo Katana für seine Liebe, seine Gebete und für seine Überlebenshilfe, und ich danke seiner ganzen Familie, vor allem seiner Mutter und den »Zauberschuhen«. Ich danke Kathy Faulstich, daß sie mich ihre Engelsgeschichte hat hören lassen, und ihrer Mutter, Katherine Portland, daß sie mich mein ganzes Leben hindurch ermutigt und inspiriert hat.

Mein besonderer Dank gilt all denjenigen, die am Engelsforum teilgenommen haben und die ich bisher noch nicht erwähnt habe: Suzanna Soloman, Thomas LeRose, Kutira Decosterd und Moonjay, Karin Jensen, Filomena und

Gideon Boomer. Und auch der geheimnisvollen »K«, die in ihrer Wolke aus Engeln einhergeht.

Ich möchte Wesley Van Linda von Narada Productions und Kathy Tyler von InnerLinks für ihre Hilfe bei dem Abschnitt über die Angelcards danken.

Und ich danke allen Engeln, denen ich je begegnet bin.

I

Die Natur und der Ursprung des Engelglaubens

Das Bild der Engel – heute und in historischer Sicht

Jeder von uns kennt Gemälde von Engeln, auf denen sie als wunderschöne menschliche Wesen mit Flügeln und fließenden Gewändern dargestellt werden. Meistens malte man sie mit Heiligenschein, das heißt, mit einem hellen Lichtschimmer, der ihren Kopf umgibt. In Büchern finden wir in der Regel ganz ähnliche Schilderungen; manchmal heißt es jedoch außerdem, sie würden als helles, fast blendendes weißes Licht erscheinen.

Wie mögen die alten Maler und Schriftsteller darauf gekommen sein, daß Engel einen Heiligenschein und Flügel haben? Die frühen Bücher des Alten Testaments stellten die Engel keineswegs so dar; dort werden sie als normale Sterbliche beschrieben, die in weißes Ziegenfell gekleidet waren (was Reinheit, Licht und Heiligkeit symbolisierte), oder als junge Menschen ohne Flügel. Flügel und Heiligenschein tauchten in der christlichen Kunst erst zur Zeit Konstantins auf (312 n. Chr.). Konstantin erklärte das Christentum zur Staatsreligion des Römischen Reichs, nachdem er vor einer wichtigen Schlacht am Himmel ein Kreuz erblickt hatte. Davor gab es in der griechischen Götterwelt bereits Götter mit Flügeln, etwa Hermes und Eros, die neben ihren anderen Funktionen auch die Aufgabe hatten, Botschaften von den Göttern des Olymp an die niedereren Gottheiten auf der Erde zu übermitteln. Das Wort Engel kommt von dem griechischen *Angelos*, was Botschafter bedeutet. Weil Engel als Botschafter Gottes fungierten, glaubte man, sie müßten auch Flügel haben, wie die geflügelten Götter Hermes und Eros. Flügel sind ein Symbol für die Schnelligkeit, mit der sich

Engel als Botschafter Gottes bewegen, und der Heiligenschein aus weißem Licht symbolisiert ihren Ursprung oder ihre himmlische Heimat.

Diese bildhaften Vorstellungen von Flügeln und Heiligenschein halfen den Gläubigen, sich bei ihrem Gebet zu konzentrieren. Bald schon tauchten in der bildenden Kunst allenthalben Engel mit Flügeln auf, und Dichtung und Theater schlossen sich dieser Darstellungsweise an.

In der Vergangenheit wurden Engel also als Botschafter zwischen Gott und der Menschheit betrachtet. Die Botschaften, die Gott übermittelte, dienten dazu, die Menschheit dem Himmel auf Erden näher zu bringen. Seit damals haben wir Menschen uns nicht allzusehr verändert. Für die meisten von uns ist es immer noch am einfachsten, wenn wir uns Engel als Wesen mit Flügeln und Heiligenschein vorstellen. Das ist auch völlig in Ordnung, denn Engel können in jeder Form auftreten, die unsere Phantasie zuläßt.

In allen großen Weltreligionen kommen Engel vor, allerdings in ganz verschiedenen Erscheinungsformen. Sie werden in der historischen Überlieferung bereits im Jahr 3000 vor Christus erwähnt. Weil sich dieses Buch jedoch mit der Gegenwart beschäftigt und mit der Art und Weise, wie uns Engel hier und heute helfen können, will ich keine detaillierte historische Übersicht über die unterschiedlichen Vorstellungen von Engeln versuchen. Statt dessen will ich nur ein paar zentrale Punkte erwähnen.

Schon die alten Kulturen der Ägypter, Babylonier, Perser und Inder gingen davon aus, daß es Engel mit Flügeln gibt (manchmal wurden sie als »Götter« bezeichnet); vermutlich haben diese Traditionen die Griechen und die Römer beeinflußt, die im westlichen Kulturkreis die ersten waren, die Engel mit Flügeln darstellten. Im Yoga Sutra von Patanjali, einem indischen Meditationslehrer, der ungefähr zur gleichen Zeit lebte wie Plato, heißt es, daß man Kontakt zu »himmlischen Lichtwesen« aufnehmen könne, indem man auf das Licht im eigenen Kopf meditiere. Diese Lichtwesen würden die Verbindung zwischen dem menschlichen und dem göttlichen Bereich herstellen.

Eine besonders wichtige Entwicklung in der Vorstellung der Engel ging von Persien aus, wo Zoroaster (auch als Zarathustra bekannt, um 628–551 v. Chr.) in seinem *Avesta* (die heiligen Schriften der alten Perser) sehr ausführlich über seine Begegnungen mit verschiedenen Engeln berichtete. Er sagte, daß Engel die Ausstrahlung Gottes seien und nicht etwa eigenständige Wesen, die zwischen Gott und den Menschen stehen. Gott wurde von Zarathustra dargestellt, wie er über einem Heer von Engeln thront – überlebensgroße menschliche Gestalten, männlich und weiblich, die Gottes Glanz widerspiegeln.

Die Vorstellung, daß Engel eine Art Fortsetzung Gottes sind und keine unabhängigen Wesen, wurde auch von den Gnostikern vertreten. Sie waren Zeitgenossen von Jesus und warnten davor, Engel als Vermittler zwischen den Menschen und Gott zu sehen, das heißt, als eine Art »Makler Gottes«.

Heute scheint es ein neuerwachtes Interesse an drei Arten von Engeln zu geben, die jede jeweils drei Wahlmöglichkeiten zulassen: Die höchste Stufe besteht aus Seraphim, Cherubim und Thronen; die zweite aus Herrschaften, Tugenden und Mächten; die dritte aus Fürstentümern, Erzengeln und Engeln. Es gibt auch hier wieder viele Bücher, die sich mit diesem Konzept auseinandersetzen. Es lohnt sich, über die Rangordnungen der Engel nachzulesen, wenn man wissen möchte, welche Rolle die Engel in der Geschichte und in den philosophischen Betrachtungen über ihre Existenz spielten.

Die heutige Vorstellung von Engeln unterscheidet sich eigentlich nicht von der damaligen. Engel wurden schon immer als die wichtigste Verbindung angesehen, die es für die Menschen zwischen Himmel und Erde gibt. Die Konzeptionen von Gott und Himmel waren zwar unterschiedlich, aber immer haben die Engel uns Menschen bei unserer spirituellen Entwicklung auf dem Weg zum Glück geholfen.

Was ist ein Engel?

Schließen Sie die Augen und warten Sie ab, was passiert, wenn Sie an Engel denken. Sehen Sie eine ganz bestimmte Person vor sich, oder fällt Ihnen ein ganz bestimmtes Ereignis ein? Erfüllt Sie ein Gefühl von Wärme und Leichtigkeit, wenn Sie sich Engel vorstellen? Versuchen Sie nun, an den Himmel zu denken. Welche Farben sehen Sie? Denken Sie an Schönheit, Friede, Glück und Freude? Ist der Himmel für Sie ein Bereich, der sich von der Erde, auf der wir leben, grundlegend unterscheidet?

Es gibt viele Vorstellungen vom Himmel und genauso viele Theorien darüber, wer oder was Engel sind. Diese Vielfalt der Interpretationen rührt daher, daß jeder Mensch anders ist und daß wir alle ganz unterschiedliche Lebenserfahrungen haben. Aber für dieses Buch sollten wir uns auf einen gemeinsamen Nenner einigen. Sehen wir also den Himmel als einen Bereich an, der von dem, in dem wir leben, abgetrennt ist. Der Himmel ist das Reich der Freude, des Frohsinns, des Glücks, der bedingungslosen Liebe, des Lachens und der Schönheit. Und wir sollten davon ausgehen, daß Engel als eigenständige Wesen im Himmel leben und mit der höchsten göttlichen Macht des Universums in Verbindung stehen. Sie sind Lichtwesen und schicken uns durch unser Höheres Selbst Nachrichten und liebevolle Gedanken zu, um uns zu inspirieren und zu leiten. Sie verfügen über alle Eigenschaften des Lichts –

Schnelligkeit, Leuchtkraft und die Fähigkeit, zu heilen und die Dunkelheit zu vertreiben.

Weil jeder von uns ein einzigartiges Individuum ist, sind auch unsere Erfahrungen mit Engeln und das Bild, das wir uns von ihnen machen, ganz verschieden. Die Engel, um die es in diesem Buch geht, wollen einfach für alle Beteiligten das Beste. Es ist also gar nicht wichtig, wie wir sie uns vorstellen. Den Engeln geht es darum, uns zu helfen, daß wir durch unser Höheres Selbst mit dem Himmel Kontakt aufnehmen, damit wir hier auf Erden glücklicher sind. Engel wissen, daß das Leben fröhlich und glücklich ist, voll Lachen und Schönheit – und das sind auch die Qualitäten, die für den Himmel, das Reich der Engel, gelten.

Ein Engel ist ein Hüter und ein Bote des Himmels. Vom Himmel kommen die Wunder, und dort herrscht die Liebe als reine, bedingungslose, heilende Energie. Die Menschen werden als schützenswerte Gattung angesehen, die über einen freien Willen verfügt. Ein Engel kann uns Menschen den Himmel auf Erden bringen, vorausgesetzt, wir wollen es und sind dafür offen. In diesem Buch werden die verschiedenen Mittel und Wege beschrieben, wie Engel uns dazu inspirieren können, glücklicher und kreativer zu sein – ohne uns dabei unseres freien Willens zu berauben. Die Engel kontrollieren uns nicht, und sie nehmen uns auch nicht die notwendigen Lernprozesse ab. Aber sie kennen unser Inneres; sie können eingreifen und uns beschützen, sobald sie wissen, daß wir es auch wirklich wollen. Sie haben zudem die Fähigkeit, uns zu inspirieren und uns Botschaften zu schicken, die uns in unserem Alltagsleben helfen.

Wir können uns die Engel auch als »Trainer« im Spiel des Lebens vorstellen. Trainer machen das Spiel, für das sie jemanden trainieren, nicht selbst mit, und trotzdem sind sie für die Spieler sehr wichtig. Indem er uns zeigt, wie wir Spaß und Glück in das Spiel unseres Lebens bringen können, wird ein

Engel zu unserem »Privattrainer«. Außerdem lehren uns die Engel, Liebe, Schönheit und Frieden in unser Leben aufzunehmen. Für sie ist es unverständlich, warum sich nicht mehr Menschen dem kosmischen Tanz des Universums anschließen. Deshalb kommen Engel so gut mit Kindern aus, weil Kinder nämlich noch richtig spielen und sich freuen können. Engelstrainer lehren uns also Spaß und Freude.

Die meisten Menschen nehmen Engel nicht ernst. Das stört Engel nicht, weil sie der Ernst unserer Welt gar nicht tangiert. Sie sehen, daß die meisten Menschen von diesem Ernst verzehrt werden. Deshalb wollen sie uns zeigen, daß eigentlich nichts wirklich ernst ist. Wir Menschen können unglaublich kreativ sein, wenn wir innerlich vom Gewicht dieser erdrükkenden Ernsthaftigkeit befreit sind. Sogar von Krankheiten psychischer und physischer Art können wir uns heilen und unser ganzes Leben umkrempeln, wenn wir nur unsere Denkweise verändern. Engel wissen, daß wir Menschen mit wunderbaren Entwicklungsmöglichkeiten gesegnet sind. Deshalb haben sie es sich zur Aufgabe gemacht, uns die Leichtigkeit zu lehren, damit aus dem »menschlichen Potential« »menschliche Wirklichkeit« werden kann.

Manchmal beneiden uns Engel um unser Menschsein. Sie bewundern die menschliche Fähigkeit, sich mit Leib und Seele auf die Leidenschaft der Liebe einzulassen und sich von ganzem Herzen für etwas zu begeistern. Sie beneiden uns um unsere Entscheidungsfreiheit und um unseren freien Willen, der uns enorme kreative Kräfte verleiht. Wir haben die Fähigkeit, unvergängliche Werke zu schaffen – in der Kunst, in der Literatur, in der Musik, durch unser Denken. So können wir weit über unseren Tod hinaus die Menschheit inspirieren.

Wir haben die Möglichkeit, frei zu entscheiden – das heißt, wir können jeden spirituellen oder nichtspirituellen Weg einschlagen. Unser freier Wille ist verantwortlich für die Höhen und Tiefen, die wir auf dem Weg, den wir eingeschlagen haben, immer wieder erleben. Wir Menschen werden durch viele Zyklen beeinflußt. Dazu gehören unser natürlicher Biorhythmus, die Jahreszeiten, der Strom der kosmischen Energie, der astrologische Rhythmus des Kosmos und vieles andere. Unsere Entscheidungen können dazu beitragen, daß wir aus einem Tief herauskommen und wieder neue Kraft gewinnen. Da wir einen freien Willen haben, können wir die Tiefpunkte in unserem Leben umwandeln oder transzendieren. Zumindest können wir begreifen, daß Tiefpunkte ein normaler Bestandteil des Lebens sind, und lernen, uns dadurch nicht entmutigen zu lassen.

Engel möchten uns dieses emotionale Gleichgewicht lehren, so daß wir mit ihrer Hilfe Freiheit und Freude erfahren können, ohne auch das Gegenteil, das heißt, die Verzweiflung, in Kauf nehmen zu müssen.

Engel arbeiten (spielen) hinter den Kulissen, um in uns Menschen unsere angeborenen Begabungen zu wecken. Rund um die Uhr arbeiten (spielen) sie in ihrer zeitlosen Dimension, um das menschliche Leben in Gleichklang zu bringen. Ihre Hauptaufgabe ist es, zu verhindern, daß wir uns in dem endlosen Meer der Menschheit als unwichtig empfinden. Im himmlischen System hat jeder Mensch eine ganz besondere Stellung; Engel um uns herum sind dafür zuständig, uns bei der spirituellen Reise zu helfen, die zu bedingungslosem Glück führt.

Engel und unsere physischen Sinneswahrnehmungen

Die meisten von uns sehen Engel nicht als physische Wesen. Es gibt Menschen, die Engel schon als blendend helle Lichterscheinungen erblickt haben, deren Leuchtkraft so extrem war, daß sie gar nicht lange hinschauen konnten. Wenn wir einen Engel sehen, nimmt er aller Voraussicht nach die Gestalt an, die wir am ehesten akzeptieren können. Fast jeder hat schon Abbildungen von Engeln mit Flügeln und Heiligenschein gesehen. Wenn Sie sich also Engel als wunderschöne menschliche Wesen mit Flügeln vorstellen wollen, ist dagegen überhaupt nichts einzuwenden. Denn wenn ein Engel entschlossen ist, sich Ihnen zu zeigen, wird er Ihnen sicher den Gefallen tun und diese Gestalt annehmen. Immer wieder sind im Verlauf der Menschheitsgeschichte den Menschen Engel erschienen, aber es kommt doch selten vor und meistens im Zusammenhang mit einem »großen Ereignis«.

Wenn wir Engel kennenlernen wollen, ist es sehr hilfreich, wenn wir den Grundsatz »Ich glaube es erst, wenn ich es sehe« überwinden und lernen, unser intuitives Wissen zu akzeptieren. Die Wirklichkeit ist sehr viel mehr als das, was wir sehen. Und viel mehr, als was wir hören. Denken Sie an das elektromagnetische Energiefeld, das uns umgibt; wir wissen, daß es existiert, aber wir können es mit unseren normalen körperlichen Sinnen nicht sehen und nicht hören. Wir brauchen eine Art Antenne, ein Empfangsgerät.

Candace Pert gehört zu den Wissenschaftlern, die die Endorphine entdeckt haben. Endorphine sind natürliche Opiate, die in unserem Gehirn zu finden sind. Sie fungieren als Filter und wählen selektiv die Informationen aus, die von den verschiedenen Sinneswahrnehmungen (Sehen, Gehör, Geruch, Geschmack, Tastsinn und Schmerz) an das Gehirn weitergegeben werden. Sie verhindern, daß gewisse Wahrnehmungen in die höheren Stufen unseres Bewußtseins vordringen. Candace Pert stellt fest: »Jeder Organismus ist so angelegt, daß er fähig ist, diejenige elektromagnetische Energie aufzuspüren, die dem Überleben am förderlichsten ist. Jeder hat sein eigenes *Fenster zur Wirklichkeit.*« Aldous Huxley bezeichnete das Nervensystem und das Gehirn als »reduzierendes Ventil« oder Filter, das uns befähigt, nur einen Bruchteil der Wirklichkeit wahrzunehmen.

Wenn die Informationen aus unserer Umgebung durch die verschiedenen Sinnesorgane selektiv gefiltert werden und wenn es Ereignisse gibt, die unser Bewußtsein in seinem normalen Wachzustand nicht registriert, dann ist folgende Überlegung möglich: Ein Teil der Wirklichkeit, den wir herausfiltern, sind die Aktivitäten der Engel. Die Engel sind immer sehr beschäftigt, und sie sind an vielen Orten gleichzeitig; wenn wir sie so ohne weiteres sehen könnten, würden wir das als Chaos empfinden, und wir würden alle verrückt. Heilige und Mystiker, die Stimmen hören und Visionen haben, jagen anderen Leuten Angst ein und werden oft als »geistesgestört« abgetan.

Angeblich war es früher einfacher, Engel, Feen, Elfen und viele andere Zauberwesen zu sehen und mit ihnen zu sprechen (vielleicht ist das auch der Ursprung unserer Sagen und Märchen). Auf alle Fälle beschäftigten sich die Menschen so stark mit diesem magischen Bereich, daß sie der materiellen Welt nicht mehr genügend Beachtung schenkten. Um also die Weiterentwicklung und das Überleben zu sichern, mußten die Menschen ihre Fähigkeit, diese Zauberwesen zu sehen und zu hören, großenteils »abstellen«. Ich habe mit vielen Leuten gesprochen, die Engel »sehen«, aber sie reden nicht gern darüber, weil es für sie sehr persönliche, wenn nicht sogar heilige Erfahrungen sind.

Wenn wir Engel »hören«, dann vielleicht als einen wunderschönen Chor, der irgendwo in der Ferne singt. Ich weiß von

Fällen, bei denen Engel die Musik, die jemand gerade hört, mit ihrem Singen verschönern. In ganz besonderen Situationen kann es auch sein, daß man liebliches Glockengeläut oder ein Glockenspiel »hört«, wenn Engel in der Nähe sind.

Manchmal strömen Engel einen süßen Duft aus, und zwar an Orten, wo wir ihn uns nicht erklären können. Den Duft von zwei Blumenarten lieben die Engel ganz besonders, nämlich Rose und Jasmin.

Manche Leute wissen, daß Engel bei ihnen sind, weil sie in entscheidenden Situationen spüren, wie eine Hand zart ihre Schulter berührt, oder sie haben das Gefühl einer starken und beruhigenden Präsenz. Wenn sie sich dann umsehen, merken sie, daß gar niemand da ist.

Machen Sie sich keine Sorgen, wenn Sie bisher keine magischen, imaginären oder physischen Erfahrungen mit Engeln machen konnten. Engel wollen nicht in unsere Entwicklung eingreifen, und manche Leute übertreiben es mit dem magischen Denken und den mystischen Erlebnissen. Um Engel auf uns aufmerksam zu machen, müssen wir vor allem optimistische, bedingungslose Liebe und Glück ausstrahlen. Ein wirklich glücklicher und liebevoller Mensch ist von Engeln umgeben, und sie ermutigen ihn zu noch mehr Liebe und Glück. Dabei ist es unwichtig, ob wir Engel mit unseren körperlichen Sinnen erfahren können. Entscheidend ist, daß wir Engel kennen und uns nicht an dem Unsinn »Ich glaube es erst, wenn ich es sehe« festklammern.

Engel sind wie Gedanken. Wir können unsere Gedanken nicht sehen, aber wir wissen, daß sie existieren. Wir können so viele Gedanken denken, wie wir wollen; es gibt keine Begrenzung. Nehmen Sie einmal an, Gedanken könnten konkrete Form annehmen. Stellen Sie sich vor, ein positiver, liebevoller Gedanke sei mit einem Segen behaftet und bewegt sich als heilender Lichtstrahl zu dem Menschen hin, dem er gilt. Sehen Sie, wie er diesen Menschen erreicht und sein Herz und seine Sinne erhellt. Nun hat dieser Mensch ein leichtes Herz und gibt den Segen an die Menschen in seiner Umgebung weiter. Der ursprüngliche Segen hat eine Kettenreaktion des Glücks ausgelöst und erreicht immer mehr Leute. Versuchen Sie nun, sich auszumalen, was umgekehrt ein negativer Gedanke anrichten kann. Ich will nicht jedes Glied in dieser Kette beschreiben, aber ich bin sicher, daß Sie sich in Ihrer Phantasie ausdenken können, welchen Schaden negative Gedanken verursachen können.

Obwohl wir sie nicht sehen, sind Gedanken mächtig und real – und das gleiche gilt für Engel. Wir haben jeder unser »eigenes Fenster zur Wirklichkeit«, deshalb erfahren wir auch Engel auf unsere eigene Art. Eines aber haben sie jedoch alle gemeinsam: Engel verletzen uns niemals; sie helfen uns. Alle Botschaften, Erfahrungen, Ereignisse, Gedanken und Gefühle, die unser Wohlbefinden beeinträchtigen oder einschränken und uns von unserem Höheren Selbst trennen, stammen nicht von Engeln. Denn Engel existieren nur in einem Reich positiver, liebevoller Energie, erfüllt vom warmen Licht der Liebe. Immer wenn wir höchste Freude und Liebe empfinden, haben wir Verbindung zu Engeln aufgenommen. Engel *haben* keine solchen Höhepunkte, sie *sind* Höhepunkte. Sie sind sozusagen die Verkörperung der frohen und glücklichen Gedanken, die wir denken können.

Gott – der Ursprung der Engel

Um zu verstehen, was Engel sind und wie sie handeln, müssen wir wissen, daß Gott ihr »Chef« ist. Engel arbeiten in verschiedenen Funktionen für Gott, um die von Liebe durchdrungene Ordnung des Universums aufrechtzuerhalten. Gott ist der Ursprung, und die Engel sind Gottes erste Schöpfung. Lassen Sie sich von dem Wort »Gott« keine Angst einjagen und sich nicht dadurch abschrecken. Wenn Sie wollen, können Sie jedesmal, wenn in diesem Buch der Begriff »Gott« auftaucht, ihn durch ein Wort ersetzen, das Ihnen eher entspricht, etwa »das Universum«, »Mutter Natur«, »der ewige Geist« oder irgendeine andere Bezeichnung, die Sie mit einer höheren Macht verbinden. Denken Sie einfach nur daran, daß Engel zu einer höheren, liebevollen Ordnung gehören, für deren Erhaltung sie arbeiten und spielen. Und vergessen Sie nicht, daß Gott und die Engel unglaublich viel Humor haben.

Gott ist Liebe, und wir werden von Gott bedingungslos geliebt – darauf läuft letztlich alles hinaus. Wir sind frei; Gott liebt uns nicht für das, was wir tun, oder dafür, wie sehr wir ihn lieben. Er liebt uns einfach so, ohne Grund, und diese Liebe steht uns immer zur Verfügung, wenn wir sie nur annehmen. Weil es keine festgeschriebenen Richtlinien oder Vorschriften gibt, die man befolgen muß, um diese bedingungslose Liebe zu gewinnen, sind wir manchmal verwirrt und wollen wissen, was wir tun sollen. Wir Menschen suchen immer nach Zeichen der Bestätigung oder der Mißbilligung. Wir möchten klare Grenzen sehen, die uns zeigen, wie weit wir gehen können und welche Linie wir nicht überschreiten dürfen. Wir wollen Uniformen tragen, Regeln befolgen und wissen, welche Schicksalsbestimmungen wir erfüllen müssen.

Es gibt aber keine Regeln oder Formeln, wie man das Wohlwollen und die Liebe Gottes erringen kann. Gottes Liebe *muß* bedingungslos sein, weil er uns freien Willen gegeben hat. Wenn wir keinen freien Willen hätten, würden wir wahrscheinlich mit einem Katalog von Anweisungen und Vorschriften auf die Erde geschickt, der genau festlegt, wie wir uns in diesem Leben verhalten sollen und was unsere wichtigste Bestimmung ist. Aber weil wir einen freien Willen haben, können wir alle Grenzen überschreiten, gegen sämtliche Regeln verstoßen und alle Uniformen ablegen. Was heißt das nun konkret für uns? Wir werden geliebt, und wir sind frei. Unsere Freiheit ist unsere eigentliche Größe, aber sie kann uns auch in Schwierigkeiten bringen und uns schöne Erfahrungen verbauen.

Manche Menschen verbringen ihr ganzes Leben damit, daß sie herauszufinden versuchen, welche Taten Gott erfreuen könnten. Der Gedanke, daß alles ganz einfach ist und Gott uns liebt, gleichgültig, was wir tun, behagt ihnen überhaupt nicht. Gott liebt uns sogar, wenn wir uns selbst nicht lieben. Seine Botschaft ist Liebe und Vergebung – das heißt, daß wir uns selbst lieben, uns vergeben und nett zu uns selbst sein sollen.

Warum sind wir überhaupt hier auf dieser Welt? Ich kann diese Frage nicht für Sie beantworten. Vielleicht ist das ganze Leben ein einziger großer Witz, und wir erfahren die Pointe erst, wenn wir sterben, und in der Ewigkeit können wir schallend darüber lachen. Eines weiß ich allerdings sicher: Wenn wir unseren freien Willen dafür einsetzen, glücklich zu sein, ist unser Leben sehr viel leichter, kreativer und lustiger. Kurz gesagt, es macht mehr Spaß. Der freie Wille ist für die Höhen und Tiefen verantwortlich, die zu unserem Dasein gehören. Idealerweise helfen uns die Tiefen, die Höhen mehr zu schätzen und zu genießen. Weil die Engel dieses Auf und Ab in ihrem Bereich nicht kennen, können sie uns helfen, daß wir uns schneller wieder aufrappeln, wenn wir in ein Loch gerutscht sind.

El Shaddai ist eine Bezeichnung für Gott und bedeutet soviel wie »Gott, der mehr als genug ist«, Gott, der viel mehr ist, als wir uns ersehnen können. Gott möchte, daß wir glücklich sind. Engel sind die Abgesandten Gottes und helfen uns, auf der Erde glücklich zu sein. Wenn wir lernen, dem Reichtum Gottes, der mehr als genug ist, zu vertrauen, dann haben auch wir mehr als genug, sogar so viel, daß wir davon abgeben können – und dadurch bekommen wir dann noch mehr.

Diese Aussagen über Gott sollen kein neues Glaubenssystem und auch keine neue Kosmologie sein. Ich möchte Ihnen nur einfach sagen, daß Engel aus dem himmlischen Reich kommen, wo für uns alle die Quelle der bedingungslosen Liebe ist. Sie wollen uns lehren, uns bedingungslos selbst zu lieben und dadurch Gott in uns selbst zu finden – so können wir begreifen, welch großes Geschenk unser Leben eigentlich ist.

Don Gilmore, der Verfasser von *Angels, Angels, Everywhere*, definiert Engel als »Gestalten, Bilder oder Ausdrucksformen, durch welche die Essenz und die Energie Gottes übertragen werden können. Ein bestimmter Engel ist eine Form, durch die eine spezifische Essenz oder Energie für einen *spezifischen Zweck* übertragen werden kann.« In Teil 2 dieses Buches erfahren Sie mehr über die verschiedenen spirituellen Essenzen und Energien Gottes, welche die Engel annehmen. Ich verwende dabei den Begriff »Heiligenschein«, um die verschiedenen Formen und Bilder zu beschreiben, die die Engel für ganz bestimmte Zwecke in unserem Leben als göttliche Botschaft übermitteln.

II
Die Heiligenscheine der Engel

Persönliche Engel

Schutzengel

Denn er hat seinen Engeln befohlen, daß sie dich behüten auf allen deinen Wegen.

Psalm 91, 11

Jeder Mensch hat einen Schutzengel, unabhängig von seiner religiösen Überzeugung, seinem Status oder seinem Aussehen. Ihr Schutzengel ist immer bei Ihnen, wohin Sie auch gehen, was Sie auch tun. Man sagt, wenn Gott Sie anschaut, dann sieht er immer zwei – Sie und Ihren Schutzengel. Wenn französische Bauern alleine unterwegs waren und einem anderen Alleinreisenden begegneten, dann begrüßten sie sich immer mit den Worten: »Einen schönen guten Tag dir und deinem Begleiter.«

Ihr Schutzengel begleitet Sie schon immer: Er war bereits bei Ihnen, als Sie beschlossen, als der Mensch, der Sie heute sind, auf die Erde zu kommen. Ihr Schutzengel denkt an die hohen Ziele, die Sie sich selbst gesetzt haben, und an das Streben nach Höherem, das Sie tief in Ihrem Unbewußten gespeichert haben.

Meine erste Erinnerung an meinen Schutzengel stammt aus der Zeit, als ich drei Jahre alt war. Ich spielte mit meinem Teddybären in einem Teil unseres Gartens, den ich eigentlich nicht betreten durfte. Plötzlich fiel der Bär in eine Schlucht. Ich wußte nicht, was ich tun sollte. Ich beschloß, ihn herauszuholen, denn er war der kleinste Bär in meiner Sammlung und deshalb sehr wichtig. Als ich einen Schritt auf die Schlucht zu machte, hörte ich auf einmal eine Stimme: »Nein, geh da nicht hin; laß den Teddy dort und geh ins Haus zurück.« Ich weiß noch genau, daß ich das Gefühl hatte, als wäre zwischen mir und der Schlucht eine Schranke. Ich dachte daran, daß ich mich ja sowieso auf verbotenem Terrain befand, und ging deshalb lieber wieder nach Hause. Von meinem Teddy blieb mir nur noch die Erinnerung. Ich tröstete mich damit, daß er sich bestimmt mit anderen kleinen Tieren anfreunden würde und damit alles in Ordnung sei.

Sie haben sicher ähnliche Erinnerungen. Vielleicht haben Sie sich irgendwann leichtsinnig in Gefahr begeben – und plötzlich hatten Sie das Gefühl, als würde eine unsichtbare Kraft Sie zurückhalten und in Sicherheit bringen. Oder Sie haben schon von solchen Erlebnissen gehört oder gelesen. Die meisten Autofahrer wissen um ihren Schutzengel, vor allem auf der Autobahn. Ich habe schon oft die Erfahrung gemacht, daß ein Wagen, der drauf und dran war, mit mir zusammenzustoßen, rechtzeitig aus der Bahn gehoben oder gedrückt wurde – und wir kamen gerade noch aneinander vorbei.

Wenn jemand schwer verletzt wird und im richtigen Augenblick jemand kommt, der ihm das Leben rettet, dann liegt das meistens daran, daß der Schutzengel des Verletzten zum Schutzengel des Retters gegangen ist und ihm eine dringende Botschaft überbracht hat. Die Schutzengel beschützen und behüten uns bei allem, was wir tun.

Haben Sie Lust herauszufinden, wie Sie Ihren eigenen Schutzengel kennenlernen können? Es gibt nämlich noch viele andere Möglichkeiten, wie Ihnen Ihr Schutzengel helfen kann, nicht nur bei Autounfällen und Verletzungen. Bauen Sie eine enge Beziehung zu Ihrem Schutzengel auf! Sie können ihn in komplizierten Lebenssituationen um Rat und Beistand bitten. Sie können ihn auch bitten, mit den Schutzengeln anderer Menschen über Ihre Beziehung zu ihnen zu sprechen. Hören Sie auf Ihre Intuition; wenn Sie sich in

Harmonie mit Ihrem Schutzengel befinden, wird sie klarer und deutlicher. Durch die innere Stimme empfangen Sie Botschaften, die Sie schützen und leiten. Sie haben sicher schon einmal beschlossen, etwas nicht zu tun, weil Sie plötzlich ganz stark das Gefühl hatten, es wäre ein großer Fehler – und später haben Sie herausgefunden, daß es tatsächlich eine Katastrophe gewesen wäre, wenn Sie die Sache durchgezogen hätten. Auch hier war Ihr Schutzengel im Spiel.

Seien Sie kreativ im Umgang mit Ihrem Schutzengel! Wenn Sie allein sind, können Sie sich wie ein Kind verhalten, das einen unsichtbaren Freund und Vertrauten hat – das gefällt den Schutzengeln. Es gibt Kinder, die ihren Schutzengel sehen und mit ihm sprechen, aber meistens nur, bevor sie fähig sind, wirklich mitzuteilen, was sie sehen. Aber manche Menschen können sich an die Zeit zurückerinnern, als sie ihren Schutzengel noch sehen und mit ihm sprechen konnten. Beobachten Sie einmal Ihre Kinder, wenn sie allein sind! Viele haben unsichtbare Freunde, mit denen sie sprechen, wo immer sie sind. Babys scheinen manchmal jemanden anzuschauen, der gar nicht da ist. Über Kleinkinder, die im Schlaf kichern und lächeln, sagen manche Leute, sie spielen mit den Engeln. Es macht auch Spaß, Kinder zu fragen, was Engel ihrer Meinung nach sind, oder sie zu bitten, einen Engel zu malen.

Im katholischen Religionsunterricht lernen Kinder im ersten Schuljahr, was Schutzengel sind. Sie erfahren, daß Schutzengel treue Freunde sind, die ihnen helfen und ihnen Botschaften von Gott bringen und sie vor allem Bösen bewahren. Manchmal halten die Lehrer sogar die Kinder dazu an, auf ihrem Stuhl ein bißchen beiseite zu rücken, damit auch der Schutzengel Platz hat. Jeden Tag wird das Gebet an den Schutzengel gesprochen.

In bestimmten Stadien der kindlichen Entwicklung rufen die Schutzengel andere Engel zu Hilfe. Das gilt zum Beispiel für die Trotzphase, in der die Kinder ihre Grenzen ausprobieren müssen. Wenn sich alles wieder beruhigt hat, ist in der Regel keine zusätzliche Hilfe nötig, bis die Kinder Teenager sind und Auto fahren lernen. In dieser Phase könnten manche eine ganze Armee von Schutzengeln gebrauchen, aber wahrscheinlich reichen selbst in dieser gefährlichen Zeit meistens zwei Schutzengel aus, die dann allerdings oft Überstunden machen müssen. Ab zwanzig ist meist nicht mehr soviel Hilfe erforderlich, denn in dem Alter haben die meisten Menschen begriffen, daß sie nicht unverwundbar sind. Im Verlauf des Lebens wird zusätzliche Hilfe dann je nach Bedarf eingesetzt.

Viele Menschen empfinden das Leben als Qual und machen manchmal in ihrer Entwicklung einen Schritt zurück, weil sie über irgend etwas sehr unglücklich sind. Unbewußt haben sie den Wunsch zu sterben und wollen sich durch ihre Entscheidungen und durch ihre Reaktionen auf bestimmte Ereignisse umbringen. Unglückliche Menschen sind für die Schutzengel, die sie behüten, sehr frustrierend. Engel beteiligen sich selbstverständlich nicht an diesem Unglück. Es bleibt ihnen also gar nichts anderes übrig, als abzuwarten, bis der Moment kommt, wenn diese Menschen sich entschließen, nicht mehr zu leiden. Erst dann kann eine Transformation stattfinden. Wir alle haben einen freien Willen. Auch wenn wir leiden möchten oder glauben, daß wir leiden sollten, ist das also unsere freie Entscheidung.

Manchmal haben wir das Gefühl, als sei unser Schutzengel auf Urlaub. Wir können uns nicht vorstellen, daß Gott oder unser Schutzengel bestimmte furchtbare Ereignisse überhaupt zulassen konnte. Es gehört zu den größten Geheimnissen des Lebens, warum guten Menschen Schlechtes widerfährt und schlechten Menschen Gutes. Wir können natürlich Spekulationen darüber anstellen und uns Erklärungen zurechtlegen, wie Karma, notwendige Lernerfahrungen und so weiter, aber ein Teil des Unrechts, das auf Erden geschieht, kann einfach nicht zufriedenstellend erklärt werden.

Unsere Schutzengel gehen nie auf Urlaub, aber je positiver und »optimystischer« wir sind, desto leichter fällt es ihnen, uns zu beschützen und zu helfen. Denken Sie also immer voll Vertrauen, Hoffnung und Liebe daran, daß Ihr Schutzengel Sie behütet. Machen Sie sich keine Gedanken über den morgigen Tag oder über das Unglück, das anderen widerfährt. Seien Sie dankbar dafür, daß Sie sind, wer Sie sind, und danken Sie Ihrem Schutzengel dafür.

Vergessen Sie nie, daß Sie einen Schutzengel haben, der heute, gestern und morgen für Sie da ist. Ihr Schutzengel erinnert Sie daran, daß Sie im Hier und Jetzt leben – an dieser Tatsache ist nichts zu rütteln, ob es Ihnen nun gefällt oder nicht. Er kümmert sich um Sie und wartet Ihren nächsten Schritt ab: ob vom Elend zur Normalität oder vom Normalzustand zum Wohlbefinden oder vom Wohlbefinden zu höchstem Glück – Ihr Schutzengel möchte Sie auf die nächsthöhere Stufe führen. Er ist immer bei Ihnen, um Sie daran zu erinnern, was für ein wichtiger und besonderer Mensch Sie sind.

Wenn Sie sich auf die Gegenwart des Schutzengels konzentrieren möchten, kann es sehr hilfreich sein, wenn Sie das traditionelle katholische Gebet an den Schutzengel sprechen:

Engel Gottes, du mein Hort,
Durch den mich Seine Liebe schützt,
Ob Tag oder Nacht, sei mir zur Seite,
Leuchte und schütze, lenke und leite.

Botschafter

Das Neue Testament wurde ursprünglich auf griechisch geschrieben, und das Wort Engel kommt von dem griechischen *Angelos,* was soviel heißt wie »Botschafter«. Das Alte Testament wurde auf hebräisch abgefaßt, und das hebräische Wort für Engel ist *Malakh.* Auch das bedeutet »Botschafter«. Im Alten wie im Neuen Testament gibt es zahlreiche Geschichten, die schildern, wie Engel den Menschen erscheinen und ihnen eine Botschaft überbringen. Diese Botschaften beziehen sich meistens auf große Ereignisse, wie beispielsweise die Geburt des Messias. Heutzutage hört man nicht mehr so oft davon, daß Engel erscheinen, aber sie überbringen uns immer noch Botschaften. Weil wir Engel jedoch nicht immer physisch wahrnehmen und hören können, müssen wir besonders kreativ und aufnahmebereit sein, um unsere Botschaften zu empfangen.

Engel verfügen über ganz erstaunliche Mittel und Wege, um ihre Botschaften zu übermitteln. Jeder kennt diese Situation: Sie sitzen stundenlang am Schreibtisch und zerbrechen sich den Kopf, weil Sie die Antwort auf eine Frage nicht finden können. Und gerade als Sie beschlossen haben, nicht länger darüber zu grübeln, fliegt eine Taube auf den Fenstersims. Das löst bei Ihnen ein warmes und ruhiges Gefühl aus, und Sie treten ans Fenster. Als Sie hinausschauen, sehen Sie einen Lastwagen vorbeifahren, auf dem Wörter stehen, die Ihnen die Antwort geben, deretwegen Sie sich so lange das Gehirn zermartert haben. In dem Augenblick, da Sie loslassen können, kommt die Botschaft zu Ihnen – ohne jede Anstrengung.

Achten Sie auf die alltäglichen Kleinigkeiten des Lebens! Engel haben viele verschiedene Methoden, sich an uns zu wenden, und oft merken wir es gar nicht. Es kann zum Beispiel sein, daß ein Kind plötzlich etwas sagt, was nur Sie richtig verstehen. Oder Sie blättern ein Buch durch und schlagen unbewußt eine Seite mit einer ganz deutlichen Botschaft auf. Schlagzeilen in Zeitungen können eine Mitteilung enthalten, wenn wir sie aus ihrem Kontext herauslösen. Oft erscheinen uns im Traum Engel mit Botschaften. Engel sind sehr einfallsreich, wenn es darum geht, mit uns Kontakt aufzunehmen, und wir müssen genauso kreativ sein, wenn wir sie hören wollen.

Himmlische Botschaften haben immer für alle Betroffenen eine Bedeutung. Wenn Sie eine Botschaft empfangen, die vielleicht positiv klingt, bei Ihnen aber ein unangenehmes Gefühl auslöst, sollten Sie sich fragen: »Ist diese Botschaft von bedingungsloser Liebe erfüllt?« Meistens ist die Antwort darauf ein klares Ja oder ein klares Nein. Mit diesen Botschaften soll niemals ein bestimmtes Verhalten erzwungen werden. Meistens (aber nicht immer) sind sie eher allgemein gehalten als spezifisch. Detaillierte Anweisungen wie: »Geh an die Ecke, kauf Zigaretten, rauche eine und klingle dann bei deinem Nachbarn und sag ihm die Meinung« sind eindeutig keine himmlischen Botschaften. Diese klingen eher so: »Mach dir keine Sorgen... Sei kreativ... Alles ist in Ordnung... Alles ist gut... Hab Vertrauen...«

Engel inspirieren uns durch mystische Erkenntnisse und durch überraschende geniale oder auch seltsame Einfälle. Manche Leute erfahren Engel als spirituelle innere Kräfte, die das Höhere Selbst leiten, indem sie unser Bewußtsein mit schönen Gedanken und Idealen erfüllen. In gewissem Sinn sind alle Engel Botschafter, gleichgültig, welche spezifische Rolle sie sonst noch spielen. Als Abgesandte Gottes bringen sie wichtige Neuigkeiten. Sie lassen nicht locker, bis wir die Mitteilung empfangen haben – denken Sie also immer daran, sich zu entspannen, loszulassen und sich von Ihrer Intuition leiten zu lassen.

Spirituelle Lehrer

Wenn der Schüler bereit ist, erscheint der Lehrer.

Spirituelle Lehrer treten immer dann in Ihr Leben, wenn Sie sie brauchen. In der Regel repräsentieren sie eine bestimmte Kultur, ethnische Gruppe oder Religion – manchmal fördern sie auch eine Karriere oder einen bestimmten Lebensstil. Sie sind unsere persönlichen Lehrer.

Wenn ein neuer Lehrer zu Ihnen kommt, kann sich das bemerkbar machen, indem Sie plötzlich eine unersättliche Neugier in sich entdecken, alles über eine bestimmte Kultur oder Religion zu erfahren, die Ihnen bisher fremd war. Sie kaufen sich Bücher, Kunstwerke, Räucherstäbchen, Platten oder Kleidungsstücke, die Ihnen etwas über Ihr neues Interessengebiet und seinen spirituellen Hintergrund vermitteln. Bald treffen Sie auf Menschen, die sich auf ihrer spirituellen Reise gerade mit dem gleichen Thema befassen. Gleichgültig, ob dieser Prozeß plötzlich eintritt oder sich langsam anbahnt – auf jeden Fall bietet er Ihnen neue Entwicklungsmöglichkeiten.

Durch Meditation und andere Methoden können Sie fähig werden, Ihre Lehrer zu erkennen. Im Grunde müssen Sie nur herausfinden, wo Ihre Interessen liegen, und auf die Botschaften von innen horchen. Wenn Sie Ihren Lehrer erkennen, beschleunigt das den Lernprozeß, indem Sie bewußt die vielen verschiedenen Möglichkeiten des Wachsens und Lernens erproben.

Wenn beispielsweise einer Ihrer spirituellen Führer ein Indianer ist, dann haben Sie vielleicht Visionen, die Sie mit Mutter Erde in Kontakt bringen. Sie begegnen dadurch unserem Planeten mit größerem Respekt, was Sie vielleicht in der ökologischen Bewegung aktiv werden läßt.

Wenn Ihr Guru ein Zenbuddhist ist, dann lernen Sie vielleicht, Ihr Ego eine Weile nicht mehr wichtig zu nehmen, Intuition zu entwickeln und einfach nur zu sein. Möglicherweise wechseln Sie sogar den Beruf und machen etwas Elementareres und weniger Kopflastiges, um neue Seinsweisen zu erlernen.

Es kann auch sein, daß Ihr Lehrer eine Figur aus der Vergangenheit ist. Stammt Ihr Lehrer aus dem keltischen Kulturkreis, dann sind Sie vielleicht von Feenmärchen fasziniert, von den Artuslegenden, von Königen und Königinnen, Harfen und Mystikern.

Spirituelle Lehrer machen uns mit spirituellen Werten vertraut, die uns unbekannt sind. Wenn wir durch subtile oder auch dramatische Veränderungen in unserem Leben unsere jeweiligen Lehrer erkennen, dann verstehen wir auch unsere inneren Ziele oder ein spezifisches spirituelles Interesse besser. Unsere Lehrer verlassen uns nie ganz, aber sie treten vielleicht in den Hintergrund, damit auch andere Lehrer auf uns zukommen können. Spirituelle Führer sind Engel, die uns etwas Grundlegendes beibringen; sie vermitteln uns neue Einsichten und neue Kreativität, um uns mit unserem Höheren Selbst in Harmonie zu bringen.

Musen

Kreativität kommt aus dem spirituellen Bereich, dem kollektiven Bewußtsein. Der Geist ist in einem anderen Bereich als die Moleküle des Gehirns. Das Gehirn ist lediglich ein Empfänger, nicht die Quelle.

CANDACE PERT

Musen sind die Repräsentantinnen der Kreativität. Sie wekken unsere Talente und Begabungen. Im Grunde sind alle Menschen kreativ, aber wir müssen oft erst begreifen, daß die Quelle der Kreativität vielleicht in einer unsichtbaren Welt liegt. Ganz gleich, welche Talente wir haben – es gibt Musen, die uns weit über die Schranken unseres Menschseins hinaus inspirieren können. Wenn wir von Engeln inspiriert werden, kennt Kreativität keine Grenzen. Sie transzendiert die reine Begabung und nimmt eine geniale Dimension an – vorausgesetzt, daß wir fähig sind, auf die Inspiration zu hören.

In der griechischen Mythologie gibt es neun Musen, die Töchter der Mnemosyne (Erinnerung). Sie gehören zu Apollos Gefolgschaft und sind die Göttinnen der Inspiration: Klio für Geschichte, Melpomene für Tragödie, Urania für Astronomie, Thalia für Komödie, Terpsichore für Tanz, Kalliope für epische Dichtkunst, Erato für Liebeslyrik, Euterpe für lyrische Dichtung oder Musik und Polyhymnia für sakrale oder religiöse Musik.

Haben Sie bemerkt, daß es drei Musen gibt, die für Dichtkunst zuständig sind? Viele Dichter der Gegenwart und der Vergangenheit sehen die Musen als Inspirationsquelle. William Blake, der große Engelsmaler und -dichter, sagte einmal: »Ich scheue mich nicht, Ihnen zu sagen, was gesagt werden muß – ich bekomme direkte Anweisungen von den Botschaftern des Himmels, bei Tag und bei Nacht.« Blake schrieb alle geniale künstlerische Begabung den Engeln zu.

In Rom war es Sitte, dem Genius des Hauses – den Laren – bei jeder Mahlzeit zu danken. Die Laren waren die Geister der Vorfahren, die Quelle der Kreativität, und gehörten ganz selbstverständlich zum Familienalltag. Das Wort *Genius* kommt von der Bezeichnung für den Schutzgeist eines männlichen Römers. Juno ist der Name des weiblichen Schutzgeistes. Bei Geburtstagsfeiern wurden im alten Rom die Geniusgeister verehrt. In ihnen sah man den Ursprung der Phantasie.

Wenn Sie kreative Einfälle brauchen, sollten Sie einfach meditieren und Ihren Gedanken freien Lauf lassen. Nehmen Sie Kontakt auf mit Ihren eigenen Kreativitätsmanagern, also mit Engeln, die Ihr spezifisches Talent wecken können! Gleichgültig, ob Ihre Begabung darin liegt, mathematische Probleme zu lösen, großartige Musik zu komponieren oder zu schreiben – Sie müssen lernen, auf Ihre innere Stimme zu hören. Dann können Sie von einem einfach nur talentierten zu einem künstlerisch genialen Menschen werden. Vergessen Sie aber niemals, daß wir trotz der Existenz kreativer Musen selbst für unsere künstlerischen und kreativen Leistungen verantwortlich sind. Wir sind fähig, unser Bewußtsein so zu erweitern, daß die Musen uns inspirieren können, aber letztlich sind doch wir es, die die Arbeit tun. Rechnen Sie es sich also als Verdienst an, daß Sie das Genie sind, das Sie sind.

Cheerleader

Vor mehreren Jahren wurde mir klar, daß ich mein Leben grundlegend verändern wollte. Ich wußte zwar, daß mich dieser Wechsel glücklicher machen würde, aber ich war mir nicht sicher, wie die Menschen, die mir am nächsten standen, darauf reagieren würden. Ich ahnte, daß viele von ihnen meine Entscheidung nicht unterstützen würden. Das führte zu schmerzlichen Schuldgefühlen – bis ich meine persönlichen Cheerleader entdeckte.

Als ich eines Tages aus einer Meditation herauskam, sah ich plötzlich eine Gruppe winziger Cheerleader vor mir, wie bei einem Baseballspiel, die meinem Leben zujubelten und mich anfeuerten, gleichgültig, welche Entscheidung ich für mein Leben treffen würde. Ich hatte nun den Mut, meinen tiefsten Wünschen nachzugehen, und nach einer Weile zeigte sich, daß es für alle Beteiligten das Beste war.

Auch Sie haben solche Engel, die Sie anfeuern. Sie rufen mit leiser Stimme: »Gib nicht auf ... Wir mögen dich, so wie du bist ... Alles wird gut sein ... Wir sind stolz auf dich.« Es gibt Engel, die fast allem, was Sie tun, zujubeln, denn ihre wichtigste Funktion ist es, Ihre Entscheidungen bedingungslos zu unterstützen, ohne einen Rat zu geben. Das ist vor allem dann angenehm, wenn Sie eine drastische Veränderung oder einen ungewohnten Schritt planen und andere Menschen Sie zurückhalten wollen.

Natürlich werden Sie die Stimmen ihrer Cheerleader nicht hören, wenn Sie etwas Liebloses oder Destruktives vorhaben. Dann schweigen sie, denn solche Handlungen unterstützen sie nicht.

Oft fällt es uns schwer, die Verwirklichung unserer innersten Wünsche anzustreben, weil wir uns selbst zu streng beurteilen. Wir hören auf die Ratschläge anderer und nicht auf unsere innere Stimme. Wenn wir jedoch unsere tiefsten Wünsche kennen und darangehen, sie zu verwirklichen, bringt uns das Glück. Manchmal müssen wir dafür Risiken eingehen. Wenn Sie also Ihrer Überzeugung folgen und merken, daß Sie sich einsam fühlen, dann denken Sie daran, daß Ihre Cheerleader und Ihr Schutzengel bei Ihnen sind und daß die Einsamkeit vorübergeht. Hören Sie auf die Engel, die Ihnen zurufen: »Los, Team, los! Hol den Ball und lauf ... Dreh dich nicht um!«

Kopiloten

Kopiloten sind unsere Begleiter auf der Reise durchs Leben, und wenn es je nötig sein sollte, daß sie das Kommando übernehmen, sind sie gerne dazu bereit und verfügen auch über die nötige Kompetenz. Überhaupt ist es eine gute Idee, Ihrem Kopiloten eine Weile das Steuer zu überlassen, wenn

Sie selbst ins Schleudern geraten. Die verschiedenen Aspekte Ihres Lebens fügen sich dann wieder harmonisch zusammen, und Sie selbst können sich entspannen oder ein bißchen spielen, während Sie wieder auf Ihre Bahn zurückgebracht werden.

Kopiloten fungieren auch als unsichtbare Sekretäre, die Ihren Tag so strukturieren, daß Sie keine überflüssigen Wege machen müssen. Sie erinnern Sie an Verabredungen und Termine, die Sie im täglichen Streß vielleicht vergessen könnten. Nützen Sie es aus, daß Sie diesen persönlichen Sekretär haben, und diktieren Sie ihm, um welche Zeit Sie morgens aufstehen wollen und wie Ihr Tag aussehen soll. Seien Sie präzise in Ihren Angaben, setzen Sie sich feste Termine und bitten Sie Ihren Kopiloten, dafür zu sorgen, daß alles klappt. Gehen Sie mit Ihrem Kopiloten kreativ um und finden Sie neue Formen, wie Sie Ihre Aufgaben erledigen können, damit Ihnen genug Zeit bleibt, das Leben zu genießen.

Seelenengel

Viele Menschen wollen wissen: »Werden wir zu Engeln, wenn wir sterben, damit wir dann die Menschen, die wir lieben, beschützen können?« In den Büchern, die sich mit dem Thema Tod oder mit Erfahrungen an der Schwelle des Todes befassen, wird diese Frage unterschiedlich beantwortet. Manche bejahen sie, andere vertreten die Ansicht, daß Engel Wesen sind, die grundsätzlich anders beschaffen sind als die Menschen.

Menschen, die an der Schwelle des Todes standen oder unter Anleitung ihren eigenen Tod visualisiert haben, berichten oft, nachdem sie ihren Körper verlassen hätten, seien verstorbene Verwandte und Menschen, die sie liebten, als Engel zu ihnen gekommen, um sie in das andere Reich zu geleiten. In vielen der Bücher über Engel, die ich gelesen habe, wird davon erzählt, daß geliebte Verstorbene mit wichtigen Botschaften auf die Erde zurückkommen, und oft retten sie durch ihr Erscheinen jemandem das Leben oder verhindern ein schlimmes Unglück.

Tibetische Buddhisten sind der Ansicht, daß jeder Mensch Anteile von verstorbenen und lebenden Personen besitzt, die uns irgendwie beeinflußt haben. Wenn wir sterben, lösen sich diese Bestandteile wieder voneinander und verteilen sich im Universum, vor allem auf die Menschen, die wir lieben und ie wir beeinflußt haben. Dieser Prozeß löst den Geist aus der Gebundenheit des irdischen Daseins und nützt zugleich den Menschen, die zurückbleiben. Wenn es Menschen gibt, die Sie geliebt haben und die nun tot sind, sollten Sie sich dieses Konzept vor Augen führen und den Teil dieser Menschen, der Ihnen wichtig ist, für sich beanspruchen. Vielleicht fühlen Sie sich auch zu einer historischen Figur besonders hingezogen. Dann sollten Sie sich überlegen, was Sie an dieser Persönlichkeit schätzen, und diese Aspekte übernehmen und für sich nutzen.

Engel des Augenblicks

Heiler

Es gibt mehr als genug Beweise für die Theorie, daß die Prozesse, die sich in unserem Denken und in unserer Psyche abspielen, entscheidenden Einfluß auf unseren Körper haben. Die Heilung des Körpers beginnt oft damit, daß der Geist geheilt wird, das heißt, daß er das bekommt, was er braucht, um gesund und glücklich zu sein. Wenn wir negative, unserer Gesundheit abträgliche Gedanken ausschalten und sie durch positive, heilende Gedanken ersetzen, hilft das dem Körper bei seiner Genesung. Viele Menschen heilen sich dadurch, daß sie ihre Denkweise und ihre Einstellung zu sich selbst und zum Leben ändern.

Engel können vielerlei heilende Funktionen übernehmen. Sie können uns beistehen, indem sie heilende Strahlen von Gott weiterleiten, und uns helfen, unsere Konflikte mit anderen Menschen beizulegen. Vielleicht übermitteln sie uns Botschaften von Vergebung und Versöhnung, wenn wir bereit sind, zu vergeben und uns zu versöhnen. Selbst wenn die Menschen, um die es geht, nicht mehr leben, sind Engel fähig, mit ihnen Kontakt aufzunehmen.

Wir können Engel bitten, uns zu zeigen, welche unserer Denkmuster eine harmonische Integration der verschiedenen Seiten unserer Persönlichkeit verhindern. Mit ihrer Hilfe können wir lernen, erworbene Schmerzen loszulassen und zu transformieren. Sämtliche Methoden und Praktiken, die in diesem Buch beschrieben werden, können auch auf Heilungsprozesse angewandt werden. Im Grunde sind alle Engel Heiler und Botschafter zugleich. Menschen, die in heilenden Berufen arbeiten, können also Engel jederzeit um Beistand und Liebe bitten.

Da Engel teilweise für zufällige Ereignisse zuständig sind, können sie es auch so einrichten, daß sie den richtigen Arzt oder Heiler für uns finden. Sie sind sogar fähig, unsere Zellen mikroskopisch genau neu zu ordnen. Dabei hilft unsere Phantasie. Stellen Sie sich vor, wie die Engel Ihr Immunsystem mit heilenden Botschaften programmieren und mit positiver Energie aufladen.

Wenn Menschen so krank werden, daß sie nicht mehr über ihre eigene heilende Energie verfügen können, oder wenn sie im Koma liegen, ehe ihre Zeit gekommen ist, werden von Gott heilende Engel geschickt. Diese übernehmen dann die Verantwortung und reinigen die Atmosphäre, die den

Schwerkranken umgibt. So sorgen sie für einen Schutzwall gegen unerwünschte und krankmachende Einflüsse. Innerhalb dieses Schutzwalls beseitigen sie alle negativen Strömungen und schaffen eine reine, klare, beruhigende Energie. Dann können die heilenden Strahlen den Kranken direkt erreichen. Wenn Sie jemanden kennen, der schwer krank ist, können Sie den Engeln helfen, indem Sie sich vorstellen, daß der oder die Betreffende von heilender Engelsenergie umgeben ist.

Heilende Engel konkurrieren nicht mit Krankenhäusern und Ärzten und haben auch keine Vorurteile gegen sie. Jedes Krankenhaus hat seinen eigenen Schutzengel. Krankenschwestern haben beobachtet, daß manchmal Menschen vor der Genesung von einer schweren Krankheit Besuch von Engeln bekommen, und Ärzte werden oft von göttlichen Einsichten geleitet. Wenn Menschen in pflegenden Berufen die Funktion der heilenden Engel erkennen, können sie bei dem, was sie tun, viel mehr erreichen.

Die Grundvoraussetzung für den Heilungsprozeß ist das Gleichgewicht zwischen Körper/Seele und Geist. Das hört sich vielleicht einfach an, ist aber oft sehr schwierig. Rufen Sie die heilenden Engel zu Hilfe!

Retter

Engel des Augenblicks retten auf ganz verschiedene Arten. In einer gefährlichen Situation tun sie alles, um uns vor körperlichem Schaden zu bewahren – solange wir uns nicht widersetzen. Manchmal treten sie auch als Menschen auf. Oder sie erscheinen in ihrer ganzen Pracht, um jemanden aus den Klauen des Todes zu retten. Es kann sogar sein, daß wir zu unserem Höheren Selbst (oder zu unserem Schutzengel) werden und selbst als ein Engel des Augenblicks handeln. Wir wissen dann vielleicht gar nicht, was wir tun, oder sind uns der Wirkung, die wir in einer Situation haben, überhaupt nicht bewußt.

Ich habe einmal bei einem großen Familienfest mitbekommen, wie eine gute Freundin am Telefon ihrer Schwester von einem Engel des Augenblicks erzählte. Diese Freundin machte gerade eine Krise durch; ihr Mann lag nach einem Schlaganfall im Krankenhaus. Die Situation wurde noch dadurch erschwert, daß ihr Mann in eine Klinik im Nachbarstaat verlegt werden mußte. Die Frau wohnte bei ihrer Mutter, und um ihren Mann zu besuchen, mußte sie jeden Tag auf der Autobahn fahren, was sie vorher noch nie getan hatte. Lange war ihr gar nicht klar gewesen, wie ernst der Zustand ihres Mannes war. Eines Tages fühlte sie sich sehr schwach, mußte aber ohne ihre Mutter ins Krankenhaus fahren. Die Ärzte teilten ihr mit, ihr Mann liege im Sterben, er habe Krebs im fortgeschrittenen Stadium. Nachdem sie dies erfahren hatte, stand sie ganz allein in einem kalten, sterilen Korridor, verlassen und hilflos. Plötzlich erschien ein wunderschöner junger Mann und sagte: »Sie sehen aus, als könnten Sie eine Tasse Kaffee vertragen.« Sie antwortete: »Ja, das stimmt.« Sie ging mit ihm; dank seiner Hilfe fühlte sie sich wieder besser. Er erzählte ihr, er gehöre einer Gruppe freiwilliger Helfer im Krankenhaus an und werde sich darum kümmern, daß ihr Mann gut versorgt werde, wenn sie nicht da sei. Nach dieser Tasse Kaffee mit dem ungewöhnlichen jungen Mann hatte die Frau ein Gefühl von Kraft und innerem Frieden, und sie konnte nach Hause fahren, ohne zusammenzubrechen. Dann hörte ich, wie sie ihrer Schwester erzählte, der junge Mann sei spurlos verschwunden – sie habe ihn nie wiedergesehen. Am Schluß sagte sie noch zu ihrer Schwester: »Ich glaube, es war eine Art Engel.«

Ja, er war ein Engel des Augenblicks, der sich in Gestalt

eines jungen Mannes offenbarte. Auf alle Fälle war er ein Retter und vermittelte dieser Frau ein Gefühl von Frieden und Wohlbefinden – ganz wie ein Engel.

Synchronizitätsengel

Haben Sie jemals darüber nachgedacht, ob ein Zufall nicht vielleicht mehr ist als einfach ein beliebiges Ereignis? Der Psychologe C. G. Jung und der Physiker Wolfgang Pauli vertraten diese Ansicht, und sie bezeichneten dieses »Mehr« als Synchronizität. Dieser Begriff bezeichnet den eigenartigen wechselseitigen Zusammenhang zweier Ereignisse, deren Beziehung zwar dem Beobachter offensichtlich ist, aber nicht nach dem Kausalitätsprinzip erklärt werden kann. Solche gleichzeitig auftretenden Ereignisse scheinen sich oft gegenseitig auf eine Art zu beeinflussen, für die wir noch keine wissenschaftliche Erklärung haben.

Jung erforschte die Beziehung zwischen objektiv »zufälligen« Ereignissen und dem subjektiven psychischen Zustand des Beobachters. Eine seiner Theorien lautet, daß die innere und die äußere Welt auf geheimnisvolle Weise miteinander verbunden sind: Ereignisse in der Außenwelt beeinflussen das, was im Inneren geschieht, und umgekehrt. Die meisten Theorien über mediale Kräfte besagen, daß Geist Materie beeinflußt oder daß Geist Ereignisse erspüren oder voraussagen kann, die sich zu einer anderen Zeit oder an einem anderen Ort zutragen.

Eine andere Erklärungsmöglichkeit für dieses »Mehr« könnte sein, daß das, was sich jetzt ereignet, Teil eines größeren Entwurfs ist. Oder daß die Ereignisse von einer Instanz im Kosmos kontrolliert werden, die die Zufälle arrangiert. Zu dieser Instanz gehören vielleicht Engel, die für die »kosmische Kontrolle von Zufällen« zuständig sind.

Ich selbst glaube, daß es Engel sind, die für die Synchronizität sorgen. Sie arrangieren nicht nur die glücklichen Zufälle, sondern können diese Fähigkeit auch dazu einsetzen, uns Botschaften zu vermitteln. Eine Form der Kommunikation sind die »Synchronismen«. Ein Synchronismus ist ein Zufall, bei dem wir dieses seltsame »Mehr« erkennen. Synchronismen sind schwer zu beschreiben – man muß sie selbst erfahren und erforschen.

Der erste Schritt, um Synchronismen wahrzunehmen, besteht darin, daß wir unser Bewußtsein auf bedeutungsvolle Ereignisse und Symbole einstellen. Bei vielen meiner Synchronismen spielen Lieder eine Rolle, in denen das Wort *Engel* vorkommt. Ich gehe öfter in ein bestimmtes Musikgeschäft, in dem sie immer eine andere Art von Musik spielen, und ich habe jedesmal mindestens ein Lied gehört, bei dem im Text das Wort *Engel* auftaucht. Oft stelle ich das Radio an, und genau in dem Augenblick kommt ein Song, der von Engeln handelt. Eine Möglichkeit, Synchronizität zu erforschen, sind die Engelkarten (siehe Kapitel 14, S. 94), oder man wirft ein *I Ging* oder legt Tarotkarten. Diese Systeme sind nicht dazu da, die Zukunft vorauszusagen, sondern sie verdeutlichen das, was gerade in der Gegenwart vor sich geht. Sie spiegeln unseren seelischen Zustand wider und zeigen uns, auf welchem Weg wir uns im Augenblick befinden. Stellen Sie nicht immer wieder dieselben Fragen; einmal genügt. Verwenden Sie Mittel wie diese nur dazu, Einsichten zu gewinnen, und nicht als Entscheidungskrücken. Synchronizität kann uns helfen, besser zu verstehen, was in unserem Unbewußten vor sich geht.

Synchronismen sind ganz individuell und persönlich. Es ist Ihre Aufgabe, das »Mehr« – die tiefere Bedeutung – herauszufinden. Das ist gar nicht so leicht, denn wie sollen wir wirklich wissen, was diese Ereignisse bedeuten? Passen Sie auf, daß Sie bei Synchronismen nicht zu sehr in Euphorie geraten. Lassen Sie sich nicht dazu verführen, wichtige Entscheidungen zu treffen, nur weil Sie aus einer bestimmten Situation eine tiefere Bedeutung herauslesen. Ich sehe Synchronismen eigentlich nur als Hinweis, daß ich auf dem richtigen Weg und am richtigen Ort bin und daß ich das Richtige zur richtigen Zeit lerne. Wenn ein überzeugender Synchronismus auftritt, kann das schon eine Botschaft sein: Sie sollen erfahren, daß Sie in einem komplexen, von unsichtbaren Einflüssen kontrollierten System eine wichtige Rolle spielen.

Synchronismen können das Leben interessanter und vergnüglicher machen. Spielen Sie mit Ihren medialen Fähigkeiten, und deuten Sie Ihre eigenen synchronistischen Ereignisse so, wie es Ihnen gefällt – Regeln gibt es keine!

Spaßtransformatoren

Viele Leute reden heute von Transformation. Transformation ist eigentlich nichts anderes als eine große Veränderung. Wenn wir spirituelle Transformation suchen, dann bekommen wir sie auch. Die Konsequenzen können manchmal sehr überraschend sein. Beim Streben nach der höchsten spirituellen Stufe sind wir immer mit Prüfungen und Lernprozessen konfrontiert. Die Reise auf dem Weg der spirituellen Transformation verläuft nicht immer ohne Zwischenfälle. Deshalb ist es wichtig, daß wir den Humor nicht verlieren.

Die Engel der Transformation lehren uns insbesondere eines: Humor. Sie bringen uns bei, daß nichts ernst ist und daß es uns befreit, wenn wir über unser menschliches Dasein lachen können, statt zu klagen. Es ist oft gar nicht so einfach, Humor zu haben; es ist sehr viel leichter, ernst zu sein. Tagtäglich werden wir vom Ernst des Lebens geplagt; Sie müssen sich nur die Abendnachrichten ansehen, und ich garantiere Ihnen, daß Sie sich in kürzester Zeit Sorgen um Ihre

Sicherheit, um Ihre Gesundheit und Ihre Zukunft machen – die Liste ließe sich beliebig weiterführen.

Ein Schritt auf dem Weg der spirituellen Transformation ist jedesmal eine ganz persönliche Entscheidung. Engel tun ihn nicht für uns; wir müssen selbst die spirituelle »Arbeit« leisten. Nur wir können in uns hineinschauen und erkennen, was wir verändern wollen. Aber Engel helfen uns, indem sie uns in jeder Situation auf die humorvolle Seite hinweisen. Um herauszufinden, was an einer scheinbar absolut humorlosen Situation erheiternd sein könnte, sollten wir innehalten und fragen: »Also, ihr Engel, was soll nun daran so lustig sein?« Wir müssen aus jedem Problem einen Ausweg finden. Entscheiden Sie sich also für die humorvolle Lösung und rufen Sie die Spaßtransformatoren um Beistand an, um zu sehen, wie heiter dieses Dilemma im Grunde ist.

Wenn Sie sich beim Jammern ertappen, dann sollten Sie Ihre Klagen in Lachen verwandeln. Wir Menschen sind komisch, vor allem, wenn wir jammern; Klagen sind eigentlich etwas Nettes, wenn sie mit Humor vorgetragen werden. Es ist wirklich erstaunlich, was für triviale Dinge wir ernst nehmen – lächerlich! Was ist eigentlich so ernst? Was ist Ihnen denn diesmal wieder Schlimmes zugestoßen? Sind Sie beinahe verhungert, oder hat man Ihnen mit Gefängnis gedroht, weil Sie die Miete nicht bezahlt haben? Selbst wenn es stimmt, versuchen Sie trotzdem zu lachen; manche Leute denken dann vielleicht, Sie sind ein arbeitsloser Komiker und laden Sie zum Essen ein. Dann finden sie heraus, daß Sie obdachlos sind, und weil Sie so lustig sind und diese Leute in letzter Zeit nicht genug gelacht haben, bitten sie Sie, bei ihnen zu wohnen.

Erinnern Sie sich noch daran, wie Sie als Kind über etwas geweint haben, was Ihnen schrecklich bedeutsam vorkam? Und plötzlich verschwand das Bedürfnis zu weinen, und Sie wollten nur noch lachen. Sie wußten zwar, daß Ihre Eltern das nicht verstehen würden, aber Sie konnten nicht anders und platzten los. Die Spaßtransformatoren warten nur darauf, den göttlichen Humor wieder in Ihr Leben zu bringen, der Sie in einen Zustand der Gnade versetzen wird. Wenn Sie also nicht mehr den Wunsch haben, dauernd ernst zu sein, dann können Sie lauthals loslachen, und der Zustand der Gnade kommt im Handumdrehen.

Wunderengel

Dem *Oxford American Dictionary* zufolge ist ein Wunder ein außergewöhnliches und begrüßenswertes Ereignis, das nicht mit den bekannten Naturgesetzen zu erklären ist und deshalb einer übernatürlichen Ordnung zugeschrieben wird. Selbstverständlich ist diese übernatürliche Instanz die Schar der Engel Gottes. Wunder gibt es in allen möglichen Variationen. In den USA z. B. gibt es den Autoaufkleber »Erwarte ein Wunder«. Das ist ein guter Ratschlag für alle, die gerade Engel kennenlernen – denn sie sind es, die die Wunder organisieren und bewerkstelligen.

Die Kraft, die hinter Wundern steht, ist Liebe. Wenn Liebe in reine Energie verwandelt wird, heilt sie alles, womit sie in Berührung kommt. Wunder lehren uns unerschöpfliche Liebe. Durch Wunder können Menschen, die zweifeln und hassen, Hoffnung und Liebe lernen. Liebe ist an sich schon ein Wunder. Wenn Engel für ihre Wunder einen unausstehlichen Menschen auswählen, steckt dahinter immer die Botschaft, daß er geliebt wird.

Jedesmal wenn wir unser Denken von Negativ auf Positiv umprogrammieren, haben wir ein »außergewöhnliches und begrüßenswertes Ereignis« zustande gebracht. Schließlich ist das Leben an sich schon ein Wunder. Wir sollten uns also jeden Tag von neuem entschließen, glücklich zu sein und uns keine Sorgen zu machen. Dann stellen wir sehr bald fest, wie

»wunderbar« es ist, sich für das Positive zu entscheiden. Mit der Zeit summieren sich die kleinen Wunder zu großen. Es gibt Wunder, und Gottes Wundertäter wollen uns durch diese Wunder etwas lehren.

Engel, die unser Leben verschönern

Sorgenbefreier

Wer ist unter euch, der seines Lebens Länge eine Spanne zusetzen kann, ob er gleich darum sorget?

MATTHÄUS 6,27

Es macht Engeln Spaß, Sorgen und Ängste zu vertreiben. Wenn wir uns Sorgen machen, heißt das, daß wir uns mit quälenden Gedanken herumschlagen. Wir ängstigen uns wegen Dingen, die vielleicht passieren könnten, oder beunruhigen uns wegen der Konsequenzen bereits vergangener Ereignisse. Sorgen hemmen den Fluß unserer Kreativität, weil sie zuviel Zeit und Energie verbrauchen, und das führt genau zum Gegenteil von dem, was wir eigentlich beabsichtigt haben, weil Sorgen uns nicht die Möglichkeit geben, das Problem zu lösen, das uns bekümmert. Denn wenn wir uns nur dauernd ängstigen, verschwindet das Problem nicht, sondern es beherrscht uns.

Wer sich mit Sorgen herumquält, nimmt das Leben zu ernst. Warum sollten wir uns schlaflose Nächte machen, wenn uns die Lösung des Problems vielleicht im Traum erscheint? Durch ständiges Grübeln geraten wir leicht in eine Sorgenfalle. Wenn Sie merken, daß Sie in Sorgen ertrinken, während Sie doch eigentlich glücklich und zufrieden sein sollten, rufen Sie am besten die Sorgenbefreier zu Hilfe. Diese

Engel kümmern sich um das, was Sie beunruhigt, und können alles so umgestalten, daß es für sämtliche Beteiligten zum Besten ist. Und wenn Sie sich wegen etwas quälen, was Ihnen noch bevorsteht, dann schicken Sie die Sorgenbefreier vor sich her, damit sie Ihnen den Weg ebnen. Achten Sie darauf, was dann passiert. Sollten Sie zu spät dran sein für eine Verabredung, kommt die andere Person noch später. Warum sich also unterwegs nervös machen? »Kümmre dich nicht und laß die Engel machen« – dann können Sie Ihre Zeit für Glück und Kreativität verwenden.

Glückstrainer

An einer vielbefahrenen Schnellstraße irgendwo in Illinois leben zwei Männer, Vater und Sohn, die man nur »die Winker« nennt, weil sie den ganzen Tag – oft zwölf Stunden lang – vor ihrem Trödelladen stehen und jedem, der vorbeifährt, zuwinken. Leute, die diese Schnellstraße oft benützen, freuen sich immer, wenn sie die beiden sehen, denn das Winken muntert sie auf und hebt ihre Laune. Für einen Moment holt es sie aus ihren Sorgen und ihrem verplanten Tagesablauf heraus. Mir geht es oft so, daß ich schon glücklich bin, wenn ich nur an die Winker denke; ich kann ihre lächelnden Gesichter richtig vor mir sehen. Wenn man mit ihnen spricht, erzählen sie, es habe viel Übung gekostet, glücklich zu sein und den Leuten den ganzen Tag zuzuwinken.

Wir können alle ein bißchen Glückstraining vertragen. Es gibt Engel, deren einzige Aufgabe es ist, Menschen in der Kunst des Glücklichseins zu unterrichten. Sie möchten das Glück in uns wecken, so wie die Winker die vorbeifahrenden Autofahrer aufwecken. (Könnte es vielleicht sein, daß die Winker Engel sind?) Glück ohne Grund, ungeachtet der momentanen Lebensumstände, macht das Leben sehr viel einfacher. Es ist die höchste Stufe der Freiheit – ein Zustand, den Sie überallhin mitnehmen können, gleichgültig, was Sie tun und wer bei Ihnen ist. Den meisten Menschen fällt es schwer, Glück für sich zu beanspruchen und es anzunehmen. Sehr oft haben sie das Gefühl, daß sie alles alleine erreichen müssen, ohne himmlischen Beistand. Sie merken nicht, daß sie sich »nicht kümmern und Engel machen lassen« können. Das Glück anzunehmen kann bedeuten, daß wir die eigene Denkweise verändern und ganz neu programmieren müssen. Unter Umständen müssen wir unsere Wertmaßstäbe und Überzeugungen völlig neu überdenken. Dafür brauchen wir Glückstrainer. Sie helfen uns, herauszufinden, was uns daran hindert, wirklich und bedingungslos glücklich zu sein. Glücklichsein heißt, vom Leben fasziniert zu sein und Situationen nicht unbedingt gut oder schlecht, sondern einfach interessant zu finden.

Das Glück ist im Hier und Jetzt; wir sollten nicht darauf warten oder glauben, es hänge von den Umständen ab. Das Glück der Vergangenheit ist vorüber. Glückfähigkeit erfordert also Aufmerksamkeit für das, was im Jetzt geschieht. Lernen Sie Ihre Glückstrainer kennen, bitten Sie sie, zu Ihnen zu kommen und Sie im Glücklichsein zu üben!

Spaßmanager

Haben Sie jemals richtig über Spaß nachgedacht? Wenn wir etwas gerne tun, sagen wir: »Das macht Spaß.« So wird aus Arbeit manchmal Spiel. Wäre es nicht wunderbar, wenn alles, was wir tun, uns unbeschwertes Vergnügen bereiten würde? Vielleicht wäre das wirklich ein bißchen zuviel verlangt, aber auf jeden Fall brauchen wir mehr Spaß im Leben. Für die Engel ist ihre Arbeit Spaß. Die Spaßmanager sind bereit, Ihnen in jeder Situation das Herz leicht zu machen. Sie wissen, was Freude macht.

In unserer Freizeit wissen wir oft gar nicht, was wir tun sollen, damit wir wirklich Spaß haben. Wir machen Urlaub und erwarten, daß wir uns köstlich amüsieren, aber in Wirklichkeit langweilen wir uns nur. Wie absurd! Erwachsene sagen oft: »Ich bin viel zu beschäftigt, ich habe gar keine Zeit für Vergnügen.« Spiele sollen eigentlich Spaß machen, und die meisten Jobs sind wie Spiele – es gibt Regeln, Punkte, Spieler und Ziele. Warum ist Arbeit kein Vergnügen? Wir nehmen sie einfach viel zu ernst, und ernste Dinge machen in der Regel keinen Spaß. Mit dem Spaß ist es wie mit dem Glück: Es kommt nicht auf die Umstände an, sondern darauf, daß wir mit uns selbst und mit dem Universum in Einklang sind. Spaß ist Zen; die Voraussetzung dafür ist, daß wir uns voll und ganz auf den Augenblick einlassen, ohne uns anzustrengen. Wieder einmal können wir von Kindern lernen. Wenn man Kinder beim Spielen beobachtet, scheint die Zeit stillzustehen. Kinder leben ganz im Augenblick, lassen ihrer Phantasie freien Lauf, greifen Anregungen ihrer Freunde auf und haben jede Menge Spaß. Kinder, die spielen, schreien ausgelassen und lachen laut. Engel wollen, daß wir Spaß haben – und ihn überall einbringen, in die Arbeit, in unsere Freizeit, in alles, was wir tun. Engel sorgen für unbeschwertes Vergnügen. Wenn wir uns Spaß gönnen, kann das Leben sehr schön sein, und lachen können wir überall, wo wir sind.

Denken Sie an etwas, was Ihnen wirklich Spaß gemacht hat. Vielleicht kam es ganz überraschend, und mit Leuten, bei denen Sie es gar nicht erwartet hätten. Vielleicht wollten Sie einfach etwas Neues ausprobieren. Spaß ist nicht an Ort oder Zeit gebunden. Wenn Sie sich in einer Situation befinden, die überhaupt keinen Spaß macht, und Sie sich doch gerne amüsieren wollen, sollten Sie sich ganz auf den Augenblick einlassen. Bekämpfen Sie die Langeweile – bitten Sie Engel um ein bißchen Abwechslung. Werden Sie nicht erwachsen; regredieren Sie ruhig, wenn es nötig ist. Entdecken Sie das Kind in sich und lernen Sie wieder, wie man spielt. Spaß ist anstekkend; beginnen Sie bei sich selbst und reißen Sie die anderen mit.

Rufen Sie die Spaßmanager herbei, wenn Sie richtig Spaß haben wollen wie ein Kind. Bittet, so wird euch gegeben. Ob Sie auf einer Party sind oder bei der Arbeit oder im Urlaub – lassen Sie die Spaßmanager kommen und horchen Sie auf Ihre eigene Phantasie. Greifen Sie die Anregungen Ihrer himmlischen Freunde auf, denn sie wissen, was Spaß wirklich bedeutet!

Übermutengel

Übermut ist wie ein Blitzstrahl, der durch eine dunkle Wolkendecke dringt und einen Augenblick lang aufleuchtet. Fröhlichkeit ist wie das Tageslicht, das den Geist mit beständiger und ewiger Freude erfüllt.

JOSEPH ADDISON

Übermut ist etwas anderes als Spaß, obwohl die beiden oft Hand in Hand gehen. Stellen Sie sich einen großen Eichentisch vor, auf dem viele Kerzen leuchten. Um diesen Tisch herum ist eine Gruppe von Freunden versammelt, die sich einen schönen Abend machen, nach dem Motto: »Eßt, trinkt und seid guter Dinge!« Fröhliche Musik erklingt, und das Gelächter ist schon richtig übermütig. Anstand und Vernunft gelten hier nicht. Über alles und jedes wird gelacht und gekichert, die Laune ist bestens, alle sind fröhlich und mögen sich gegenseitig. Freude, Fröhlichkeit, Ausgelassenheit, Gelächter und Spaß ergeben zusammen Übermut.

Übermut geht noch einen Schritt weiter als Spaß und ist wie ein Zauberspruch, der alle, die daran teilhaben, erfaßt. Zum Übermut gehört die Fröhlichkeit des Augenblicks, was nicht heißt, daß man unbedingt Witze reißt und Späße macht. Vielleicht finden Sie das oben beschriebene Beispiel ein bißchen zu hedonistisch für ein Buch über Engel. Aber Engel wissen genau, daß wir Menschen gerne mit anderen zusammen essen und trinken. Sie verstehen, was uns diese Gemeinsamkeit bedeutet. Übermut wollen wir mit anderen teilen, und Engel unterstützen das. Wenn wir sie bei einer solchen Party erleben würden, dann würden sie sicher tanzen und vor Freude singen, mitten in all diesem menschlichen Tun und Treiben.

Natürlich müssen wir nicht unbedingt essen, um übermütig zu sein. Eine andere Art des Übermuts ist Verliebtsein. Engel sind immer bereit zu feiern. Dadurch kommen zum Glück noch Freude und Heiterkeit hinzu. Vielleicht muß die Anregung von Ihnen ausgehen – also folgen Sie Ihrem Herzen und wenden Sie sich der übermütigen Seite des Lebens zu!

Cupidos

Cupido ist der römische Gott der Liebe, der Sohn der Venus. Er wird immer als kleiner Engel mit Flügeln dargestellt. Wahre romantische Liebe ist das größte Geschenk, das es für uns Menschen auf der Erde geben kann. Wo finden wir dieses Geschenk? Wenn wir danach suchen, finden wir es nicht – es muß uns finden.

Wenn romantische Liebe das größte Geschenk des Himmels ist, warum bereitet sie uns dann oft soviel Kummer? Das hängt zum Teil damit zusammen, daß andere Menschen daran beteiligt sind. Solange wir erwarten, daß andere uns Glück schenken, leiden wir zwangsläufig. Nur wir selbst sind für unser Glück verantwortlich; andere können es zwar bereichern, aber schenken können sie es uns nicht. Wir müssen es erst einmal selbst haben. Die Liebe kommt zu denen, die schon Liebe besitzen. Sie wird sich verdoppeln, so daß ein Überfluß entsteht, der dann wieder an andere weitergegeben werden kann.

Manchmal macht uns Cupido so viel Kummer, daß wir drauf und dran sind, ihn zu verfluchen. Sie kennen bestimmt die Redensart, daß Liebe blind macht. Das heißt, wir sehen nicht, was wirklich los ist – oder erst später. Wir ziehen das an, von dem wir tief im Innersten glauben, daß wir es verdienen. Haben Sie mit Ihrer Ausstrahlung jemanden angezogen, der liebevoll und großzügig ist? Oder jemanden, der Ihnen den Seelenfrieden raubt und Ihr ganzes Leben durcheinanderbringt?

Oft halten wir zu lange an jemandem fest, der es eigentlich gar nicht verdient. Dadurch, daß wir nicht loslassen können, ist auch gar kein Platz für etwas Besseres. Wenn wir verliebt sind und uns dabei frei fühlen und loslassen können, öffnen sich alle Kanäle. Wir dürfen die Menschen, die wir lieben, nicht festhalten. Sie müssen kommen und gehen können, und wir müssen ihnen vergeben und sie gehen lassen, wenn sie etwas tun, was uns nicht gefällt. Arbeiten Sie daran, Ihren wahren Wert zu erkennen, und Cupido wird die wahre Liebe für Sie finden. Schränken Sie ihn dabei nicht ein, indem Sie um einen ganz bestimmten Menschen bitten. Lassen Sie die Engel Ihren Partner wählen – Sie werden bestimmt nicht enttäuscht, sondern mit Sicherheit angenehm überrascht sein.

Wohlstandsmakler

Wohlstand ist die Kunst, mit Geld umgehen zu können. Das heißt jedoch nicht, daß wir unbedingt Berge von Geld besitzen müssen, sondern lediglich, daß wir mit dem Geld, das wir haben, richtig umgehen können. Es kommt gar nicht darauf an, wieviel wir auf dem Papier besitzen. Entscheidend ist vielmehr die Art, wie wir leben. Geld ist wie Energie: Wenn wir es benutzen, vermehrt es sich; wenn wir es bremsen und horten, schmilzt es dahin. Behandeln Sie also das Geld wie Energie, und hängen Sie nicht Ihr Herz daran. Wir müssen es loslassen können und uns vorstellen, daß es auch weiterhin für uns arbeitet, so daß der Energiefluß nicht durchbrochen wird. Wenn Sie sich nach Freiheit sehnen, aber den ganzen Tag arbeiten, weil Sie glauben, diese Freiheit mit Geld erwerben zu müssen – wann haben Sie dann überhaupt noch Zeit, frei zu sein?

Geld ist ein Phantom, ein Traum; wer ihm nachjagt, als wäre es real, wird selbst Teil des Traums und verliert sein eigentliches Ich. Der Traum kann zum Alptraum werden und dem Betreffenden viel Schaden zufügen und ihn in Verzweiflung stürzen. Die Vorstellung, daß es gut ist, Geld zu haben, und schlecht, wenn man keines hat, schränkt uns ein und ist falsch. Geld hilft uns nicht im mindesten weiter, wenn wir nicht richtig damit umgehen. Und wenn der Zweck, für den wir das Geld verwenden, negativ ist, dann kann es sogar zu einer destruktiven Kraft werden. Ähnlich ist es, wenn wir kein Geld haben. Das wird erst dann problematisch, wenn wir unbedingt welches brauchen. Die Wohlstandsmakler helfen uns, solch brenzlige Situationen auf einen Zeitpunkt zu verschieben, wenn wir gerade Geld haben – es ist also gar kein Problem.

Bitten Sie die Wohlstandsmakler, Ihnen zu zeigen, was

Reichtum und Überfluß eigentlich bedeuten. Im Grunde ist es eine Frage der Lebenseinstellung. Sehen Sie das Leben als Geschenk! Mit dieser Haltung kommt auch das Wissen, daß sich die Mächte des Himmels um uns kümmern. Die Wohlstandsmakler schließen unsichtbare Geschäfte für uns ab, bei denen auch manchmal ein Transfer unseres Besitzes stattfindet – das heißt, daß Zeit, Energie und Ideenreichtum einen höheren Stellenwert bekommen. Oder sie schließen Geschäfte ab, die uns befähigen, unseren Reichtum mit mehr Liebe zu genießen. Vielleicht lehren sie uns auch Dankbarkeit und bringen uns bei, uns über das, was wir haben, zu freuen und nicht immer nur auf die Mängel zu schielen. Wir können von ihnen lernen, jeden Augenblick als wertvolles Geschenk auszukosten und aus jeder Situation Gewinn zu ziehen.

Es gibt viele ausgezeichnete Bücher über spirituellen Reichtum und finanziellen Überfluß. Wenn Sie Lust haben, sich intensiver mit diesem Thema zu beschäftigen, dann sollten Sie sich von den Wohlstandsmaklern und von Ihrem Schutzengel nach den in diesen Büchern beschriebenen Methoden leiten lassen. Es kommt oft vor, daß Menschen, die die »Macht des positiven Denkens« einsetzen wollen, darüber vergessen, sich auch an die Engel zu wenden. Viel Glück und gutes Gelingen!

Engelpsychologen

Gehirnprogrammierer

Ich habe schon erwähnt, daß Engel wie Gedanken sind. Sie inspirieren uns, indem sie neue Ideen in unseren Denkprozeß und in unsere Denkmuster einbringen. Engel würden aber nie in unser Denken eingreifen, ohne uns vorher zu fragen. Die Entscheidung liegt also letztlich immer bei uns. Wenn wir uns bewußt dafür entscheiden, Engel in unser Leben zu lassen, dann können sie uns helfen, negative und quälende Gedanken auszuräumen. Dafür wenden sie unter anderem die Methode des »Gehirnprogrammierens« an.

Um ein glücklicherer Mensch werden zu können, sollten Sie genau wissen, welche negativen Gedanken korrigiert werden müssen. Hier sind einige Beispiele, wie solche Gedanken unser Wohlbefinden beeinträchtigen können:

- Negative Gedanken ersticken die Vitalität, die auch mit dem Immunsystem verbunden ist.
- Negative Gedanken und Äußerungen beeinflussen die Menschen unserer Umgebung.
- Negative Gedanken und Ideen machen uns einseitig: Wir nehmen nur noch die schlechten Aspekte des Lebens wahr und konzentrieren uns ausschließlich auf sie. Dadurch gehen wir (bewußt oder unbewußt) immer von negativen Ergebnissen aus, um unsere eigenen Befürchtungen bestätigt zu sehen.
- Negative Gedanken hindern uns daran, positive Ziele zu verfolgen. Es kann sein, daß wir Zeit und Energie darauf verschwenden, uns auf eine negative Situation einzustellen, während wir eigentlich einer besseren, positiveren Möglichkeit nachgehen könnten.

Wenn Sie danach streben, mit Ihrem Höheren Selbst in Kontakt zu sein, ist es wichtig, negative Gedanken umzupolen und die Programme im Gehirn, die nicht richtig funktionieren, anders einzugeben. Wenden Sie kreative Visualisierungstechniken an, um mit dem Reichtum des Universums Verbindung aufzunehmen. Dabei müssen Sie wissen, was Sie mit diesen Techniken erreichen wollen und können. Sie haben vor allem den Effekt, die negativen Gedanken aus unserem »Programm« auszuschalten, die uns das Gefühl geben, daß wir nicht das Beste verdienen.

Gehirnprogrammierer können sich Zugang zu unserem Gehirn und zu unserem Denken verschaffen, wenn wir es ihnen gestatten. Wie Computerspezialisten schalten sie sich in unser Gehirn ein und korrigieren das Programm, indem sie neue Informationen eingeben und veraltete löschen.

Vielleicht finden Sie die Vorstellung lächerlich – Engel, die in das Gehirn eindringen und dort das Programm ändern! Aber viele Menschen lassen sehr viel zweifelhaftere Dinge in ihr Gehirn ein – warum also keine Engel? Stellen Sie sich vor, daß Engel die gleiche Wirkung haben wie Endorphine. Mit ihrer Hilfe können sich die Schwingungen im Gehirn verändern. Die molekulare Struktur kann sich verbessern. Und die neuen Programme vermitteln Ihnen das Gefühl, daß Sie wichtig sind.

Archetypische Engel

Ich glaube schon seit vielen Jahren, daß die Götter und Göttinnen der alten Griechen und Römer eigentlich Engel sind. In mehreren Büchern über Engel habe ich Aussagen gefunden, die diese Theorie stützen. Dorothy MacLean schreibt in ihrem Buch *To Hear the Angels Sing* (Du kannst mit Engeln sprechen): »Ich habe zu meiner großen Freude entdeckt, daß die mythologischen Gottheiten Griechenlands Mitglieder der Welt der Engel waren. Diese Erkenntnis war ein weiterer Beweis für die Einheit allen Lebens – eine Verbindung zwischen den Gesetzen des Alten Testaments und der Anmut und Schönheit der heidnischen Welt.«

Die Psychologie von C. G. Jung beschäftigt sich mit dem Zusammenhang zwischen den Archetypen und der menschlichen Persönlichkeit. Archetypen sind Urbilder der Menschheit. Sie sind in unser Unbewußtes eingeprägt als ein Muster von Ideen, Gedanken und physischen Bildern. Archetypische Energie in Gestalt von Engeln reflektiert die ursprünglichen Modelle oder Prototypen, nach denen die menschlichen Persönlichkeiten geschaffen sind. Wir können alle mythologischen Wesen ganz allgemein als Engel verstehen, die unsere Persönlichkeitszüge repräsentieren. Indem wir diese Anteile unserer Persönlichkeit begreifen, lernen wir uns selbst und unsere Bedürfnisse besser kennen. Wenn wir die Archetypen verstehen, können wir die weißen Flecken unserer Persönlichkeit ausfüllen und nach Größe streben.

Dadurch, daß wir Archetypen als Engel sehen, werden sie lebendig und übernehmen die Rolle eines Leitmotivs. Jeder Archetyp, den wir verkörpern, hat einen höheren Aspekt, der unter den entsprechenden Bedingungen zum Vorschein kommen kann. Wenn wir alle Aspekte eines spezifischen Archetyps genau betrachten, finden wir vielleicht Hinweise auf bestimmte Verhaltensmuster, die wir gerne bei uns ändern möchten. Sternzeichen sind ebenfalls Archetypen, und jeder Planet ist mit einer der archetypischen Gottheiten der alten Römer verbunden. Zum besseren Verständnis der verschiedenen Archetypen können Sie mythologische Bücher lesen oder sich mit der Psychologie von C. G. Jung befassen.

Archetypen sollen uns aber nicht einschränken. Sie sind nur die Entwürfe der Persönlichkeit. Wenn wir wollen, können wir sie gegen andere austauschen oder uns ganz über ihren Einfluß erheben. Das, was wir an unterschiedlich kombinierten Persönlichkeitsmerkmalen haben, macht unsere Einmaligkeit aus. Wir können unsere Grundstruktur ergänzen, indem wir für einen uns fehlenden Archetypen einen Engel herbeirufen. Und wir können lernen, die Archetypen, mit denen wir geboren wurden, zu lieben und dadurch auch uns selbst mehr zu lieben.

Engel der Natur

Das devische Königreich

Das devische Königreich ist die ewige Lebenskraft der Natur. Es hat seine eigene Hierarchie. Devas sind die königlichen Majestäten der Natur; sie verfügen über die archetypischen Muster jeder irdischen Spezies. Devas beherrschen ganze Landschaften. Die kleineren Naturgeister, wie Feen, Elfen, Gnome, Waldgeister, Nymphen und Faune, sind für die Entwürfe bestimmter Pflanzenformen zuständig und achten zum Beispiel bei jeder Blume auf die kleinsten Details. Was diese kleinen Geister für die Pflanzen und Tiere sind, das sind die Engel für uns Menschen: Mächte, die uns leiten und zur Vollendung führen.

Das devische Königreich möchte uns harmonisch an der Natur teilhaben lassen und uns durch die Wunderwerke der Schöpfung, durch Blumen, Bäume, Kornfelder, Tropenwälder und vieles mehr, Freude bereiten. So lernen wir, die Erde und ihre elektromagnetischen Energiefelder zu respektieren.

Sie waren sicher auch schon einmal in einem Gebäude, bei dem Ihnen aus unerfindlichen Gründen vieles nicht zu stimmen schien. Die Landschaft drum herum wirkte öde und leer, und die Pflanzen schienen nicht richtig zu wachsen, obwohl sie gepflegt und regelmäßig gegossen wurden. Andererseits haben Sie bestimmt auch schon Häuser erlebt, die genau in ihre Umgebung paßten: Die Pflanzen in der Umgebung blühten und gediehen, und das Ambiente war »richtig«. Vielleicht haben Sie auch einen Park, den Sie besonders lieben und der Ihnen dieses »richtige« Gefühl gibt. Die Chinesen haben ein Wort dafür: *Feng-shui* (wörtlich übersetzt heißt es »Wind-Wasser«). Wenn das *Feng-shui* ausgewogen ist, befindet es sich in harmonischem Einklang mit dem wellenförmigen *Ch'i* der Erde. In der westlichen Kultur bezeichnet man dies als Geomantie. Die Grundthese ist, daß die Menschen nicht über die Erde herrschen, sondern in Interaktion mit ihr stehen. Devas können uns helfen, das *Feng-shui* richtig abzustimmen. Sie lassen uns genau wissen, wo wir bauen und anpflanzen sollen und wie wir die Landschaft gestalten können. Die Botschaften der Devas und Engel erreichen uns immer dann am besten, wenn wir auf die eigene Intuition hören. Wenn Sie einen Garten anlegen wollen, sollten Sie sich Zeit nehmen, um den richtigen Ort zu finden. Lauschen Sie auf die Natur. Öffnen Sie sich innerlich dem devischen Königreich, und Devas werden Ihnen kreative Ideen für das *Feng-shui* Ihres Platzes im Universum schenken.

Designerengel

Es gibt sicherlich Bereiche in Ihrem Leben, die durch keinen der bisher beschriebenen Engel abgedeckt sind. Kein Problem! Sie können einfach darum bitten, daß genau für das Gebiet, das noch fehlt, der passende Engel zu Ihnen kommt. Im Grunde müssen Sie nur die Situation beschreiben und den Engel benennen, den Sie sich wünschen. Ein maßgeschneiderter Engel wird sich melden und die Sache übernehmen. So können Sie Ihre höchst persönliche Engelschar entwerfen.

Designerengel können in allen möglichen Situationen hilfreich sein. Ein Lehrer kann beispielsweise den Engel der Erziehung herbeirufen und um Beistand bitten. Er könnte ihn Sokrates oder Horaz nennen. Und wer noch zur Schule geht oder studiert, kann einen Designer um Hilfe beim Lernen bitten.

Wenn Sie Schriftsteller sind, dann rufen Sie am besten einen speziellen Engel, der Ihnen beim Schreiben hilft. Geben Sie ihm einen entsprechenden Namen, etwa den einer Person in Ihrem nächsten Bestseller. Es ist auch nützlich, wenn Sie zum Engel Ihrer Schreibmaschine oder Ihres Computers Kontakt aufnehmen. Dem erfolgreichen Engelschriftsteller Andrew Greeley zufolge ist Gabriel(la) der Erzengel elektronischer Geräte.

Sie können auch einen Engel rufen, wenn Sie Hilfe bei der Kunst der Kommunikation brauchen. Schicken Sie mit Ihren Briefen Engel mit, und lassen Sie sich bei Ihren Telefongesprächen helfen.

Falls Sie Maler sind, können Sie ganz konkret werden und sich für jede Farbe einen Engel aussuchen und Ihrem Lieblingspinsel und allen Ihren Meisterwerken einen Engel zuweisen.

Als Geschäftsmann/-frau können Sie sich für Ihr Unternehmen einen Profitengel und einen Kundenengel besorgen.

Denken Sie an Ihre Hobbys und an Ihre liebste Freizeitbeschäftigung! Bei jeder Aktivität ist Platz für Engel, zu jeder Tageszeit. Manche Engel kochen gern, auch wenn sie das, was sie auf den Tisch zaubern, leider nicht essen können!

Tragen Sie einem Engel auf, über Haus und Herd zu wachen und eine liebevolle, friedliche Atmosphäre zu schaffen. Decken Sie beim Essen auch einen Platz für den Schutzengel des Hauses und bestimmen Sie im Wohnzimmer einen Sessel, wo dieser Engel sitzen kann.

Engel sind immer bereit, bei Geburten zu helfen. Es macht ihnen Spaß, von Anfang an am Schöpfungswunder beteiligt zu sein. Laden Sie sie ein! Natürlich sind Ihre persönlichen Schutzengel ohnehin anwesend, aber sie haben gerne Gesellschaft.

Engel können auch Gruppen und Organisationen zugewiesen werden. Jede Gruppe, die einem guten Zweck dient – gleichgültig, ob es das Vergnügen der einzelnen Mitglieder ist oder der Weltfriede –, hat einen Gruppenengel, der hilft, Probleme zu lösen und ein neues Bewußtsein zu schaffen.

Wenn Sie Kontakt zu den Designerengeln aufnehmen, sollten Sie sich einfach vorstellen, daß im Himmel ein großes Vermittlungsbüro ist, wo Sie einen Engel »adoptieren« können. Oder daß es einen Katalog gibt, den Sie durchblättern können. Haben Sie Spaß dabei! Blicken Sie zum Himmel empor und benennen Sie einen Engel oder eine Engelschar, die über die Bereiche in Ihrem Leben wachen, durch die Sie zu dem werden, was Sie sind.

III
So rufen Sie Engel herbei

Das Engeltagebuch

Das wichtigste Ziel dieser Kapitel ist, Ihnen zu helfen, sich über Ihre Intentionen, Pläne und innersten Sehnsüchte klarzuwerden. Dann können Sie herausfinden, wie Engel Ihnen helfen können, ein dauerhaftes Feld positiver Energie um sich zu sammeln, um das Gewünschte zu erreichen. Auf sehr kreative Art und Weise können Engel Ihnen zeigen, wie Sie Ihre Mission auf Erden erfüllen. Ausschlaggebend ist dabei die Erkenntnis, daß Engel mit uns durch unser Höheres Selbst (oder unseren Schutzengel) arbeiten (spielen). Sie schicken uns bestimmte Zeichen: Seelenfrieden, Hoffnung, glückliche Zufälle und positive Begegnungen. Diese Zeichen bestätigen uns, daß wir auf dem richtigen Weg sind und daß unser direkter Draht zu den Engeln intakt und auf das Universum mit seiner strahlenden Glückseligkeit eingestellt ist.

Sie können die beschriebenen Methoden individuell besser umsetzen, wenn Sie ein Engeltagebuch führen, denn das hilft Ihnen, die eigenen Ziele zu verstehen und Ihre Zukunft zu visualisieren. Sie lernen, sich ganz auf das zu konzentrieren, was Sie wirklich wollen, und sich nicht Sorgen um Dinge zu machen, die Sie nicht haben.

In Ihrem Engeltagebuch können Sie Ihrer Phantasie freien Lauf lassen und sie aus den Schranken befreien, die Sie ihr auferlegt haben, um mit dem »Ernst des Lebens« fertig zu werden. Ihre Phantasie ist grenzenlos! Sie ist die direkte Verbindung zu Gott. Wenn wir unsere Phantasie blühen lassen, bewahrt uns das vor Langeweile, und wir lernen, auf die eigene Intuition zu hören.

Benutzen Sie Ihr Engeltagebuch dazu, sich selbst daran zu erinnern, daß Sie nicht so ernst sein müssen. Sie können sich

Mittel und Wege notieren, wie Sie Ihrem Leben die Leichtigkeit der Engel geben können. Schreiben Sie alles auf, was Sie froh und glücklich macht, und halten Sie Zitate aus Büchern und Artikeln fest, die Sie inspirieren. Es hilft auch, wenn Sie Ihre Begegnungen mit Engeln aufschreiben, die Synchronismen, die Sie erleben, und Ihre Gedanken über Engel. Mit diesem Tagebuch kann Ihr Leben eine ganz neue humorvolle und leichte Dimension bekommen.

Ich möchte Ihnen zeigen, wie Sie mit Engeln daran arbeiten können, in das wahre Engelsbewußtsein einzutauchen. Sie werden merken, daß das Glück in uns selbst liegt, nicht in den Umständen. Dann werden Sie erkennen, wie die Engel Sie jeden Tag führen und leiten.

Stellen Sie sich das Leben einmal als Experiment vor, das der Erleuchtung dient. Es gibt nichts, was Sie tun könnten, um die Erleuchtung herbeizuführen – sie ist wie eine Entdekkung, auf die wir zufällig stoßen. Aber solche Zufälle gibt es häufiger, wenn Sie Ihr Leben als ein spirituelles Experiment sehen und nicht als ein weltliches oder physisches.

Vielleicht treffen wir die Vorbereitungen für dieses Experiment schon, ehe wir geboren werden. Wir suchen uns für unsere Versuche die richtigen Eltern aus, den richtigen Ort und die entsprechenden Entwicklungsmöglichkeiten. Dann klettern wir in unseren Körper und entwickeln uns nach den experimentellen Richtlinien. Vermutlich haben wir uns sehr hohe Maßstäbe gesetzt, höher als wir es uns jetzt während des Versuchsvorgangs vorstellen können. Aber da es ein ganz individuelles Experiment ist, können wir die Regeln ändern, die Begrenzungen aufheben, neue Maßstäbe setzen oder einen völlig anderen Kurs einschlagen: Wir haben einen freien Willen. Und das Positive an unserem Experiment ist, daß wir göttliche Assistenten haben. Sie erinnern sich an die höchsten Ziele, die wir uns gesetzt haben. Sie sind immer um uns und rufen uns durch ihre Inspiration ins Gedächtnis zurück, wie wundervoll, einmalig und wichtig wir sind. Diese unsichtbaren Assistenten sind die Engel.

Das Leben ist kein ernstes Experiment – es ist unbeschwert, optimistisch und humorvoll. Wenn wir Engel in unser Leben und in unser Bewußtsein rufen, lernen wir die strahlende Glückseligkeit und den Humor des Universums kennen.

Werden Sie zum »Optimystiker«

»Optimystisch« zu sein heißt, den spirituellen Pfad unbeschwert und voller Hoffnung zu gehen. Optimisten erwarten immer das Beste. Mystiker suchen die Vereinigung mit Gott (was immer dieser Begriff für Sie bedeutet). Ein Mensch, der Optimismus und Mystizismus in sich vereint, ist ein »Optimystiker«. Wenn wir unsere spirituelle Suche nach Erleuchtung hoffnungsvoll angehen, schaffen wir eine positive Umgebung, in der das Gute gedeiht – das heißt, Hoffnung, Glück, Erfolg, Wünsche, die in Erfüllung gehen, Träume, die Wirklichkeit werden, wundervolle Visionen eines paradiesischen Himmels und bedingungslose Glückseligkeit.

Wissen Sie noch, wie Sie sich als Kind etwas wünschten, wenn Sie eine Sternschnuppe sahen? Können Sie sich erinnern, wie Sie eine Münze in einen Wunschbrunnen warfen oder eine Wünschelrute ausprobierten? Oder sich etwas wünschten, wenn Sie die Kerzen auf Ihrem Geburtstagskuchen ausbliesen oder Löwenzahnsamen wegpusteten? Ein Wunsch ist Ausdruck einer Sehnsucht oder eines inneren Ziels. Er ist auch eine Art Segen. Oft bitten wir andere, uns die Daumen zu halten und uns Glück zu wünschen. Wenn wir jemandem Glück wünschen, hoffen wir, daß es ihm gutgeht und daß er Erfolg hat. Wünschen heißt, einem Verlangen, einer Sehnsucht Ausdruck zu geben und das Beste zu erhoffen. Als erstes sollten Sie sich Ihrer eigenen Wünsche bewußt werden. Wie oft sagen wir: »Ich wollte, ich könnte … ich wollte, ich hätte … ich wollte, ich wäre …« und merken gar nicht so richtig, daß wir uns etwas wünschen. Wünsche gehen vielleicht nicht immer so in Erfüllung, wie wir es gerne hätten, aber oft werden sie auf eine Art wahr, wie wir es uns nie hätten träumen lassen. Der Wunsch ist eines der wichtigsten Werkzeuge des Optimystikers.

Hoffnung ist ein Gefühl, bei dem sich Erwartung mit Sehnsucht verbindet. Wünsche führen zu nichts, wenn sie nicht mit glühender Sehnsucht verbunden sind. Dadurch beschäftigen wir uns in Gedanken mit der Frage, wie wir unsere erwünschten Ziele auch erreichen. Außerdem brauchen wir die Hoffnung, daß unsere Wünsche und Sehnsüchte wahr werden. Bernie Siegel, der vielen Menschen geholfen hat, sich selbst von Krebs zu heilen, sagt: »Es gibt keine falschen Hoffnungen.« Und er fügt hinzu: »Optimisten leben länger. Pessimisten haben vielleicht eine realistischere Sichtweise der Welt, aber das verlängert nicht ihr Leben.« Dadurch, daß wir zu Optimystikern werden, verändert sich unser ganzes Denken. Wir entwickeln neue Ideen, und allmählich verändern wir auch unsere Lebensumstände, so daß die Hoffnungen, Sehnsüchte und Wünsche in Erfüllung gehen können. Optimystiker zu sein heißt, daß wir uns für ein »gesegnetes« Leben entschieden haben.

Ein Optimystiker sieht alles, was geschieht, in einem positiven Licht. Das mag vielleicht unmöglich klingen, aber mit einiger Übung können Sie es schaffen. Bringen Sie sich selbst »Glück« – gehen Sie auf die Suche nach dem Glück und seien Sie immer darauf vorbereitet, es anzunehmen. Sehen Sie Situationen als glücksbringend und positiv an, auch wenn sie weit davon entfernt scheinen. Sagen Sie nicht: »Das ist das Schlimmste, was passieren konnte; ich habe eben immer

Pech.« Denken Sie daran, daß alles ja auch noch viel schlimmer sein könnte. Wenn wir uns selbst für Pechvögel halten, ziehen wir das Unglück an. Glück haben wir dann, wenn wir die sich bietenden Gelegenheiten nutzen und mit leichtem und fröhlichem Herzen auch schwierige Zeiten durchleben. Es hat mir immer Glück gebracht, unter Leitern durchzugehen, und ich habe beobachtet, daß am Freitag, dem 13., oft wunderbare Sachen passieren. Max O'Rell formuliert es folgendermaßen: »Ob es Glück oder Unglück bringt, wenn einem eine schwarze Katze über den Weg läuft, hängt davon ab, ob man ein Mensch ist oder eine Maus.«

Machen Sie es zu Ihrem Lebensprinzip, wie ein Magnet das Glück anzuziehen. Wenn Sie abergläubisch sind, spüren die Engel, daß Sie ihnen nicht vertrauen. Versuchen Sie also, abergläubische Verhaltensweisen aus Ihrem Leben zu verbannen. Bis jetzt haben Sie vielleicht geglaubt, daß eine bestimmte Aktion auch immer ein und dieselbe Reaktion hervorruft. Ändern Sie diese Einstellung – dann werden Sie sehen, daß es nicht stimmt. Tun Sie genau das, was Sie bisher immer vermieden haben – und das Gegenteil wird eintreten.

Optimystiker haben aufgehört zu leiden. Leiden ist nämlich keine Tugend. Es bedeutet vielmehr, daß wir uns Schmerz und trübseligen Stimmungen aussetzen. Manchmal übernehmen Leute, die gerne leiden, sogar den Schmerz eines anderen Menschen, wenn sie das Gefühl haben, daß sie selbst noch nicht genug leiden. Leiden und Traurigkeit sind Angewohnheiten, die viele von uns haben. Wir können aus dem Leiden nur dann lernen, wenn wir die Ursachen genau bestimmen und sie aus unserem Leben verbannen. Nicht Gott will, daß wir leiden – wir selbst sind die Ursache. Ein Optimystiker weiß, daß Leiden uns einschränkt und Hoffnung und Glück beeinträchtigt. Entscheiden Sie sich dafür, weniger zu leiden und sich mehr auf die Erfüllung Ihrer Wünsche zu konzentrieren.

Ein Optimystiker integriert Spaß und Spiel in sein spirituelles Streben und entwickelt einen ausgeprägten Sinn für Humor. *Lila* ist ein Sanskritwort und bedeutet soviel wie »das göttliche Spiel der Hoffnung«; aus ihm heraus hat Gott das Universum geschaffen. Ganz wörtlich übersetzt heißt *Lila* »reiner Spaß« (eine gute Begründung für die Schöpfung der Welt!). Es gehört zu den Aufgaben des Optimystikers, sich im Universum für Spaß und Spiel einzusetzen. Der sogenannte Ernst des Lebens vertreibt allen Spaß und alles Spielerische. Wer optimystisch ist, holt Spiel, Spaß und Humor wieder ins Leben zurück und macht die Welt glücklicher. Die Engel wollen uns dabei helfen, denn auf diesem Gebiet kennen sie sich sehr gut aus.

Die meisten Leute glauben, Mystiker sind Menschen mit spirituellen Visionen und intensiven religiösen Erlebnissen. Ihr Blick geht weiter als die allgemeinen Erklärungsversuche der Welt. Wenn wir uns zu Optimystikern entwickeln, können wir uns über den Alltag erheben und das Ungewöhnliche leicht und froh akzeptieren. Engel bringen uns spirituelle Ekstase und innere Höhepunkte – wenn wir es wollen. Wir sollten keine Angst davor haben, hin und wieder in Verzükkung zu geraten. Das kann unglaublich viel Spaß machen und gehört zu den größten Höhepunkten des Lebens. Wenn wir die Engel in unser Leben holen, können wir alle auf unsere eigene Art zu Mystikern werden.

Die spirituelle Suche nach Erleuchtung ist leichter, wenn wir immer das Beste erwarten und auf die positive Seite des Lebens schauen. Dort finden wir auch die Engel. Sie sind immer bereit, uns zu helfen, zu den Optimystikern zu werden, die wir eigentlich schon immer sind. Teilen Sie den Engeln Ihre Wünsche und Träume mit. Sie werden diese Information an die höchste Kraft im Universum weiterleiten und Ihnen behilflich sein, eine positive Umgebung zu schaffen, wo das Glück blüht und gedeiht.

Da Sie dieses Buch lesen, nehme ich an, daß Sie spirituell wachsen wollen. Es hilft Ihnen, wenn Sie ein Optimystiker sind. Sie verstehen dann das Wesen der Engel und lernen, sie herbeizurufen und zu ihrem Reich Verbindung aufzunehmen. Wenn Sie nun lesen, wie Sie Engel auf sich aufmerksam machen können, sollten Sie sich selbst als Optimystiker sehen und darüber nachdenken, wie Sie Optimismus und Mystizismus in Ihre Erlebnisse mit Engeln einbringen können.

Optimystiker zu werden heißt, eine Umgebung zu schaffen, in der Wünsche, Träume, Hoffnung und Erfolg gedeihen. Finden Sie die richtige Einstellung, wenn Sie die Methoden anwenden, um die Engel zu rufen.

Schutzengel und spirituelle Lehrer, Spaßmanager und Glückstrainer können Ihnen dabei helfen. Rufen Sie sie alle irgendwann herbei; sie können für Optimismus und mystische Erlebnisse sorgen.

Nehmen Sie bei Ihrer spirituellen Suche eine unbeschwerte und hoffnungsvolle Haltung ein. Machen Sie sich wieder mit der Macht des Wünschens und Hoffens vertraut. Pflegen Sie das Glück und ernten Sie seine Früchte; deuten Sie alles, was geschieht, als glücksbringend. Leiden behindert die spirituelle Entwicklung des Optimystikers. Integrieren Sie Spaß, Spiel und Humor in Ihre spirituellen Übungen. Lassen Sie sich auf mystische Visionen und außergewöhnliche Erfahrungen der Freude und der Liebe ein – so haben Sie direkten Kontakt zu Engeln. Sehen Sie immer die positive Seite einer Sache, denn dort finden Sie Engel. Machen Sie sich von Aberglauben frei, indem Sie sich Ihrer abergläubischen Verhaltensweisen bewußt werden und Ihr Denken umpolen.

Wenn Optimystiker zudem noch Glauben und Phantasie entwickeln, werden sie zu wichtigen Kräften im Universum. Mit nur einem positiven Gedanken, mit nur einer positiven Idee oder Tat können sie die ganze Welt um sich herum verändern.

Entwickeln Sie Ihre Phantasie und Ihr Vertrauen

Phantasie ist wichtiger als Wissen.

ALBERT EINSTEIN

Sie werden viel Zeit und viel Sorgfalt aufwenden müssen, wenn sie Ihre Phantasie und Ihr Vertrauen entwickeln wollen. Aber diese Fähigkeiten müssen zu Ihren alltäglichen Hilfsmitteln werden, denn zur Durchsetzung Ihrer wichtigsten Ziele sind sie unverzichtbar. Zunächst sollten Sie sich Ihre Absichten in Gedanken vollkommen klarmachen, damit der aufkeimende Wunsch Raum hat, sich zu entwickeln. Wenn Sie dann genau wissen, was Sie erreichen wollen, ist es an der Zeit, darum zu bitten. Dadurch, daß Sie Ihre Bitte formulieren, geben Sie sozusagen den Samen in den Boden. Danach wird der Keim mit Hoffnung und Vertrauen gewässert. Stellen Sie sich das Gewünschte so vor, als wäre es bereits Realität, und vertrauen Sie darauf, daß es wahr werden wird.

Sie denken jetzt vielleicht, daß Sie kein Vertrauen in die Zukunft und keine Phantasie besitzen, aber das stimmt nicht. Jeder Mensch hat diese Fähigkeiten. Sie mögen verschüttet sein, weil sie lange nicht benutzt worden sind, aber sie sind auf jeden Fall vorhanden – sie müssen nur wieder kultiviert werden. Dann können sie Berge versetzen. Vertrauen bedeutet *Wissen*; Zweifel zerstört allerdings die daraus entstehende Kraft. Konzentrieren Sie sich auf dieses Wissen und nicht darauf zu glauben. Glaube allein setzt Grenzen und ist mit Zweifel und Diskussionen verbunden. Aber wenn Sie fest von etwas überzeugt sind, dann wird es ein Teil von Ihnen und Sie besitzen es bereits. Vertrauen bedeutet, sich in einem Zustand innerer Wachheit (Bewußtheit) zu halten und positive Energien für das Erreichen der Lebensziele und -wünsche zu mobilisieren. Dabei wird die Energie durch das Vertrauen ständig neu gespeist, so daß Zweifel und Ängste ferngehalten werden und die Imagination offen und klarsichtig bleiben kann. Im Grunde genommen heißt Vertrauen nichts anderes, als die eigenen Wünsche und Vorstellungen auf die Zukunft zu projizieren. Hinzu kommt dann nur noch die Überzeugung, daß die Dinge sich letztendlich so entwickeln werden, daß sich alles zum Guten wendet. Mit anderen Worten, Vertrauen ist die innere Überzeugung, daß Gott uns bedingungslos liebt.

Bei Phantasie hingegen handelt es sich um die Fähigkeit, vollkommene und klare innere Bilder herzustellen. Phantasie gestaltet unsere Zukunft, denn sie ist der einzige Ort, wo die Zukunft überhaupt existiert. Wenn Sie etwas erreichen wollen, müssen Sie sich zunächst einmal Ihr Ziel plastisch und in vollkommener Form vor Augen führen. Mit Hilfe Ihrer Phantasie werden Sie bald herausfinden, was Sie erreichen wollen und wie Sie es erreichen können, weil es ja bereits in Ihrem Kopf existiert. Die Phantasie ist Ihre direkteste Verbindung zu den Engeln.

Mit Phantasie und Vertrauen, mit Engeln und mit Gott können Sie alles erreichen. Wenn Sie bis jetzt noch nicht in der Lage waren, Kontakt zu Engeln aufzunehmen, setzen Sie Ihre Phantasie und Ihr Vertrauen ein, um sie kennenzulernen. Überlegen Sie sich, was Ihnen dazu einfällt, was Sie bereits wissen und was Sie gern wissen würden: Stellen Sie sich ganz konkret und sinnlich vor, wie Sie einen Engel treffen, wie er aussieht, worüber Sie mit ihm sprechen und wie er auf Sie wirkt. Visualisieren Sie, wie Sie im luftleeren Raum zusammen mit Engeln durch die himmlischen Gefilde schweben. Auch wenn Ihnen das nicht so recht gelingen will, sollten Sie nicht gleich aufgeben. Notieren Sie Ihre Gedanken zu den Themen Vertrauen, Phantasie und Engel in Ihr Engeltagebuch und beschreiben Sie Ihre Gefühle dabei.

Entwickeln Sie ein Gespür dafür, Engel zu entdecken. Zu wissen heißt auch, Dinge wahrzunehmen, sie einordnen zu können und sie anzuerkennen. Das bedeutet jedoch nicht, daß Sie sich mit Gewalt überzeugen sollen, im Gegenteil: Anstrengung bringt Sie nicht weiter. Sie brauchen sich nur zu entspannen und die Augen offenzuhalten. Es mag eine Weile dauern, Phantasie und Vertrauen wieder aufzubauen, aber im Grunde macht das großen Spaß. Vertrauen Sie darauf, daß Sie gut aufgehoben sind, daß Gott Sie bedingungslos liebt und daß Sie diese Liebe auch verdienen. Wenn Sie an Ihrem Wert zweifeln, arbeiten Sie zunächst an diesen Zweifeln (sehen Sie dazu auch das Kapitel über Gehirnprogrammierer und wie Sie negative Programme und Überzeugungen löschen können).

Vergessen Sie also nie, daß Sie Phantasie und Vertrauen brauchen, wenn Sie wollen, daß Engel auf Sie aufmerksam werden und für Sie spielen. Denken Sie positiv und werden Sie ein Optimystiker. Pflanzen Sie den Keim der Hoffnung, und die Engel werden ihn gießen. Gestalten Sie Ihre Zukunft: Alles, was Sie dazu brauchen, besitzen Sie bereits. Sie können sich ins Paradies versetzen, nach ein klein wenig Übung brauchen Sie nur noch zu ernten.

Wir können die Dinge des Himmels nicht durch Beharrlichkeit erlangen – sie sind eine Gabe Gottes. Sich diesem Wissen zu öffnen und dieser Tatsache zu vertrauen bedeutet, daß Glaube umschlägt in Wissen. Doch dieses können wir uns in keiner Form verdienen, nicht durch Güte, Nächstenliebe oder durch unsere charakterlichen Qualitäten und auch durch keine anderen Leistungen oder Werte. Es ist ein Geschenk, und uns bleibt nur, es anzunehmen.

Hazrat Inayat Kahn

Engelspost

Bittet, so wird euch gegeben,
Suchet, so werdet ihr finden ...

MATTHÄUS 7,7

Engel sind die Verwalter unserer persönlichen Wünsche. Das heißt, sie sind zuständig für ein riesiges Aufgabengebiet, angefangen vom Wiederfinden eines verlegten Schlüssels bis hin zur Erfüllung eines langgehegten Traumes. Indem wir Engel mit der Verwaltung unserer persönlichen Wünsche betrauen, tragen wir den Bedürfnissen unseres Höheren Selbst Rechnung. Es ist also sinnvoll, Engel bei der Verwirklichung unserer Absichten und Ziele um Hilfe zu bitten. Sie mögen jetzt vielleicht einwenden, daß Engel ja ohnehin schon wissen, was wir wollen, und daß wir es ihnen nicht noch einmal zu sagen brauchen. Doch indem wir eine Bitte aussprechen, setzen wir eine Bewegung zum Positiven hin in Gang. Außerdem können Sie mit Ihrer Bitte keinen Schaden anrichten, denn Engel handeln nur zum größten Nutzen aller Beteiligten. Catherine Ponder hat einmal gesagt: »Die Schiffe können nur wieder einlaufen, nachdem man sie ausgesandt hat.« Wenn Sie also gegenüber den Engeln einen persönlichen Wunsch äußern, senden Sie Ihre Schiffe hinaus und bitten Gott, sie zu segnen. Engel bewahren Sie vor Unmäßigkeit, denn sie sind in ständigem Kontakt mit Ihrem Höheren Selbst.

Schreiben Sie also Ihren persönlichen Wunsch auf ein Stück Papier und schicken Sie es an die Engel: Das ist die Engelspost. Dem geschriebenen Wort wird ja eine besondere Kraft nachgesagt. Wenn Sie Ihre Wünsche schriftlich fixieren, werden sie Ihnen viel klarer. Richten Sie Ihren Wunsch sowohl an Ihren eigenen höchsten Engel als auch an die Engel aller Personen, die irgend etwas mit Ihrem Wunsch zu tun haben.

Versuchen Sie, Ihre Bitte so konkret und so klar wie möglich zu formulieren. Dabei können Sie gleichzeitig noch einmal Ihre Vorstellungen und Ziele überdenken. Beschließen Sie Ihre schriftliche Bitte immer mit der Wendung »zum größten Nutzen aller Beteiligten«, und bedanken Sie sich geradewegs so, als wäre Ihr Wunsch bereits in Erfüllung gegangen. Danken Sie den Engeln, danken Sie Gott und allen anderen Beteiligten.

Sie können die Engelspost für verschiedene Zwecke einsetzen. Wenn es einen Menschen gibt – zum Beispiel Ihren Chef, Ihren Ehegatten, Ihr Kind, einen Mitarbeiter, einen Freund –, mit dem Sie ständig beim geringsten Anlaß in Streit geraten, dann schreiben Sie dem Schutzengel des Betreffenden und bitten Sie darum, daß das Problem auf einer höheren Ebene bearbeitet wird. Achten Sie darauf, was passiert, wenn Sie diese Person das nächste Mal treffen – vielleicht bemerken Sie schon Anzeichen dafür, daß der andere seine Einstellung zum strittigen Punkt revidiert hat.

Diese Technik können Sie immer anwenden, wenn Sie Widerstand von anderen Menschen spüren. Schreiben Sie den Engeln und formulieren Sie Ihre Bitte ganz klar; erläutern Sie ihnen eindeutig, was sie für Sie erledigen sollen. Indem Sie dem Schutzengel des anderen schreiben, überwinden Sie die emotionale Sperre, die vielleicht bei einem von Ihnen oder bei beiden besteht.

Außerdem können Sie auf diese Weise den Menschen, die Ihnen viel bedeuten, etwas Gutes tun. Wenn Sie jemanden kennen, der krank ist, Probleme bewältigen muß, Liebe braucht oder nicht weiter weiß, schreiben Sie seinem höchsten Engel und bitten Sie ihn, daß der Betreffende das bekommt, was er am nötigsten braucht. Dieses Vorgehen ist vor allem dann sinnvoll, wenn wir mit dem anderen nicht persönlich über das Problem sprechen können. Manchmal erkennen wir als Außenstehende, was eine Situation erfordert, während der Betroffene wie blind darin gefangen ist und sich gegen wichtige Maßnahmen wehrt.

Wenn Sie sich mit einer Bitte an Engel wenden, die andere Menschen betrifft, sollten Sie jedoch immer im Auge behalten, daß alle Menschen einen freien Willen haben. Wir sind zum Beispiel oft verletzt, wenn ein geliebter Mensch etwas tut, was wir nicht für richtig halten. Doch Sie werden immer auf die eine oder andere Weise enttäuscht werden, solange Sie Erwartungen an den anderen richten. Wenn Sie hingegen nichts erwarten und einfach Ihre Liebe frei strömen lassen, das heißt, wenn Sie bedingungslos lieben, können die negativen Handlungen anderer Sie nicht beeinträchtigen. Sollten Sie also mit romantischen Absichten an den Schutzengel eines Mitmenschen schreiben, dann ist das Beste, was Sie tun können, den anderen zu segnen und ihn mit Ihrer bedingungslosen Liebe freizugeben. Wenn Sie füreinander bestimmt sind, wird sie oder er von selbst und ohne Bedingungen auf Sie zugehen. Natürlich wollen die Engel, daß Sie glücklich sind. Aber sie wissen auch, daß Sie Ihr Glück niemals durch einen anderen Menschen finden, sondern daß Sie es zuerst in sich selbst entdecken müssen.

Sie können an jeden der bisher vorgestellten Engel schreiben und darum bitten, daß dieser bestimmte Aufgaben erledigt. Wünschen Sie sich vom Wohlstandsmakler Reichtum, vom Heiler, Sie zu kurieren, vom Spaßtransformator Humor und vom Wunderengel große oder kleine Wunder. Es ist dabei nicht unbedingt nötig, daß Sie Ihre Bitte aufschreiben, Sie können sie auch aussprechen, in Gedanken formulieren oder als Gebet vorbringen.

Wenn es an der Zeit ist, Ihre Engelspost »aufzugeben«, dann falten Sie den Zettel mit Ihrer Bitte zusammen, versiegeln ihn und deponieren ihn an einem besonderen Platz. Sie sollten sich darauf gefaßt machen, daß sich in der nächsten Zeit etwas tut, nachdem Sie die Post aufgegeben haben. Nun, da

Sie Engel um etwas gebeten haben, sollten Sie auch bereit sein, die Botschaften wahrzunehmen, die auf Ihre Bitte hin eintreffen. Allerdings ist es auch möglich, die Engelspost aufzugeben und die Bitte zu vergessen, bis Sie irgendwann wieder darauf gestoßen werden.

Engelkarten

Die *Angelcards*, die Engelkarten, bestehen aus einem Satz von zweiundfünfzig neuen Karten, die jeweils ein Schlüsselwort des Wissens oder eine Eigenschaft, wie man sie im Verlauf der spirituellen Entwicklung erfährt, darstellen. Sie zeigen einen Engel bei einer Handlung, die diesem Begriff entspricht. Ursprünglich gehörten die Angelcards zu dem Brettspiel »The Game for Transformation«, das die Erfinder während ihrer Zeit in Findhorn entwickelten. Dieses Spiel ist ein nützliches Hilfsmittel für die Erforschung des Innenlebens und des Bewußtseins. Die Karten sind recht hilfreich dabei, die Weisheit der Engel in Ihr Leben zu bringen. Einige der wichtigsten Karten stellen Begriffe dar wie Freude, Humor, Frieden, Erleuchtung, Hingabe und Vertrauen. Außerdem gibt es zwei leere Karten, die Sie verwenden können, wenn Sie um bestimmte Eigenschaften oder Qualitäten bitten, die im Kartensatz nicht enthalten sind. Oder vielleicht bitten Sie die Engel mit diesen Karten um ein Geschenk des Himmels.

Wahrscheinlich fallen Ihnen gleich aus dem Stegreif ganz verschiedene Möglichkeiten ein, wie Sie die Karten einsetzen können. Es gibt keine Regeln. Allerdings sollten Sie beachten, daß Sie nicht immer wieder um die gleichen Dinge bitten. Wieder gilt: Der Meister spricht nur einmal! Die Karten spiegeln Ihre aktuelle innere und äußere Wirklichkeit wider, aber es gibt unter den Begriffen keinen, der dunkel oder negativ wäre. Ich stelle Ihnen hier nun einige Möglichkeiten vor, wie Sie die Angelcards für Ihre innere Weiterentwicklung zu Hilfe nehmen können.

Suchen Sie sich zuerst einmal einen ruhigen Platz, wo Sie die Karten vor sich ausbreiten können. Dabei ist es gleichgültig, ob Sie die Karten geordnet oder kreuz und quer hinlegen, wichtig ist nur, daß sie mit dem Bild nach unten vor Ihnen liegen. Dadurch bekommt Ihr Unbewußtes die Chance, sich zu äußern. Sie können die Karten auch als Fächer in der Hand halten. Wenn Sie soweit sind, ziehen Sie eine Karte.

Zuerst wollen Sie wahrscheinlich wissen, wo Sie im Augenblick stehen. Überlegen Sie sich acht Bereiche Ihres Lebens, in denen Sie Inspiration durch die Engel wünschen. Ich will Ihnen ein Beispiel geben:

die Vergangenheit
die Gegenwart
die Zukunft
ein Geschenk des Himmels
Liebe und Beziehung
Geld und Wohlstand
Arbeit und Karriere
Spiel und Erholung

Nachdem ich meine Gedanken auf eines der Gebiete konzentriert habe, ziehe ich eine Karte. Natürlich können Sie auch eine ganz persönliche Liste aufstellen und bestimmte Bereiche weglassen oder hinzufügen. Schreiben Sie die Begriffe auf, die Sie gezogen haben, und untersuchen Sie deren Gehalt auf Ereignisse oder auf Handlungen hin, die Sie unternehmen sollten. Sie können die Sache aber auch erst einmal ein paar Tage auf sich beruhen lassen.

Denken Sie an einen Problembereich in Ihrem Leben, für den Sie sich Hilfe von den Engeln erwünschen. Dafür kommt alles in Frage, vom Geld bis hin zur Liebe. Oder bitten Sie um einen Hinweis darauf, welches Problem im Augenblick gerade am wichtigsten ist, ohne eine konkrete Frage zu stellen. Sie können aber auch um Hilfestellung bei der Erweiterung Ihres augenblicklichen Bewußtseinszustands bitten. Konzentrieren Sie sich ganz auf Ihre momentane Situation, und ziehen Sie eine Karte, den »Trumpf«, den Sie beiseite legen, ohne ihn anzuschauen. Ziehen Sie dann drei weitere Karten und drehen Sie sie um. Denken Sie über ihre Bedeutung nach, und sehen Sie sich erst dann die Trumpfkarte an. Sie stellt die übergreifende Erklärung der Situation dar. Schreiben Sie die Ergebnisse Ihrer Befragungen kurz zusammengefaßt in Ihr Engeltagebuch. So können Sie später jederzeit nachlesen, wie Ihre Entwicklung verlief, und neue Einsichten gewinnen.

Eine andere Möglichkeit, die Angelcards zu befragen, ist die »Bitte um Tugenden«. Sehen Sie sich die Karten an, und nehmen Sie diejenigen heraus, die für Werte und Eigenschaften stehen, die Sie anstreben oder gern hätten. Betrachten Sie das Bild auf der Karte in aller Ruhe, meditieren Sie darüber und versuchen Sie, neue Erkenntnisse über die dargestellten Werte zu gewinnen. Schreiben Sie Ihre Gedanken auf; bitten Sie die Engel, Ihnen diese Tugenden zu schenken – und wundern Sie sich nicht, wenn sie sich tatsächlich bei Ihnen einstellen.

Sie können auch eine Engelkarte ziehen für den jeweiligen Tag, für das Jahr, den Monat, die Jahreszeit, den Geburtstag oder für jeden anderen Zeitpunkt, der eine besondere Bedeutung hat.

Ziehen Sie eine Engelkarte, die Ihnen hilft, ein bestimmtes Problem oder Hindernis zu überwinden oder ein neues Projekt anzugehen. Vielleicht brauchen Sie auch Hilfe bei einer neuen Beziehung oder bei der Einrichtung des Hauses, in das Sie gerade gezogen sind; oder Sie suchen Anregung für die Arbeit, die Schule und die Freizeit.

Aber verlieren Sie beim Umgang mit diesen Karten nie den Humor, und nehmen Sie die Sache nie zu ernst. Sollten Sie einmal nicht wissen, welche Botschaft eine Karte enthält, kann es äußerst hilfreich sein, in einem Lexikon die eigentliche Definition des Begriffes nachzulesen. Dabei sind die zwei weißen Karten von großer Bedeutung, denn mit diesen Karten können Sie bestimmte Bitten äußern oder sie als Symbol für einen Neuanfang ansehen. Laden Sie doch einfach die Engel ein, an der Feier Ihres spirituellen Wachstums teilzunehmen, und nutzen Sie die Karten als Hilfsmittel, um mit ihnen in Kontakt zu treten.

Meine erste Erfahrung mit den Engelkarten war ungeheuer eindrucksvoll. Ich hatte die Karten schon ein paarmal in meinem Lieblingsbuchladen angeschaut, sie jedoch nicht gekauft, weil ich mir nicht vorstellen konnte, wozu sie gut sein sollten. Ich wartete, bis meine beste Freundin kam. Wir wollten gemeinsam eine Woche Urlaub machen und kauften vorher die Karten. Wir öffneten das Paket schon im Auto, und die erste Karte, die ich zog, war eine weiße. Also baten wir darum, daß unsere Urlaubswoche voller synchronistischer Erlebnisse sein möge (und so war es dann auch!). Eigentlich wußten wir nicht so richtig, was wir mit den Karten machen sollten, und deshalb verfielen wir auf die Idee, sie überall, wohin wir kamen, zu verschenken.

Es machte großen Spaß, mit dem Trinkgeld im Restaurant ein paar Karten zu hinterlassen und sie an nette Leute zu verteilen, denen wir begegneten. Wir schenkten sie auch Leuten, die wir schon länger kannten, oder wir ließen unsere Freunde eine Karte ziehen. All das führte zu vielen Gesprächen über Engel, und wir hatten eine erlebnisreiche Woche mit viel Spaß, Leichtigkeit und Synchronismen. Vor allem aber waren die Engel unsere ständigen Begleiter.

Die Karten, die wir an Freunde weitergaben, waren tatsächlich oft von besonderer Bedeutung für deren Leben, wie sie uns später sagten. Geben heißt nehmen, und die Freude, die wir gaben, kehrte ins eigene Herz zurück – so brachten uns die Karten, die wir verschenkten, sehr viel.

Konferenz der Engel

Eine Konferenz ist ein Zusammentreffen, bei dem verschiedene Beteiligte untereinander besprechen, worauf sie zusteuern und wie sie das Gewünschte erreichen. Solche Konferenzen können ungeheuer wirkungsvoll sein – auch im Kontext des Universums. Und wenn wir die Verwirklichung eines Zieles auf ganz direktem Weg anstreben, können Engel noch besser mit uns zusammenarbeiten. Eine Engelskonferenz ist also eine sinnvolle Möglichkeit herauszufinden, wohin wir uns bewegen, warum wir etwas tun, was unsere Ziele sind und wie die Engel uns dabei helfen können.

Sie können eine Konferenz der Engel auch als Geschäftsplan für Ihr Leben ansehen. Wie für jedes Unternehmen ist es auch für den Lebensablauf nötig, erstrebenswerte Ziele festzulegen. Wenn Sie also eine Konferenz der Engel einberufen, geschieht das in der Absicht, Ihre Zukunft zu planen, zu definieren, was Sie erreichen wollen, und herauszufinden, welches die wichtigsten Menschen in Ihrem Leben sind. Engel fungieren dabei als Ihre Berater und als Mitarbeiterstab; auf der Konferenz werden dann die Aufgaben verteilt, die ein jeder zu erfüllen hat.

Stellen Sie als erstes Ihren Vorstand zusammen. In diese Gruppe können Gott (was immer Sie darunter verstehen), Maria, Jesus oder bestimmte Heilige, die Ihnen wichtig sind, gehören, außerdem bedeutsame Archetypen, Götter und Göttinnen, Vorfahren oder Persönlichkeiten aus der Geschichte, die Sie faszinieren, spirituelle Ratgeber, Gurus, Personen aus der Bibel, Helden, Weise und so weiter. Der Vorstand soll Ihnen neue Ideen liefern und nur für Sie da sein, denn diese Gruppe von spirituellen Beratern und Mitarbeitern führt in Zukunft die wichtigsten Aufgaben Ihrer Firma (Ihres Lebens) aus.

Napoleon Hill, der Verfasser des Buches *Bete und werde reich* hielt regelmäßig abends vor dem Einschlafen eine Beratung mit einer Gruppe ab, die er die »unsichtbaren Beiräte« nannte. Dieser Rat setzte sich aus den neun Personen zusammen, deren Lebenswerk ihn am stärksten beeindruckt hatte. Ziel dieser Beratungen war es, seinen Charakter neu zu formen, so daß er diesen neun Personen immer ähnlicher wurde. Hill wollte zu einer Synthese der verschiedenen Charaktere werden. Auf den inneren Beratungen fungierte Hill als Vorsitzender. Diese Idee können wir auch auf die Konferenzen der Engel anwenden.

Es hat sich als sinnvoll erwiesen, für eine solche Konferenz einen genauen Plan aufzustellen. Ich zeichne mir zu diesem Zweck immer mit dem Zirkel einen Kreis auf ein Stück Papier und unterteile ihn, so daß ein Mandala entsteht. In die Abschnitte schreibe ich die Ziele, die ich in bestimmten Lebensbereichen gerade verfolge. Dann bestimme ich Engel, die mir bei der Verwirklichung helfen sollen. Andere Engel bekommen die Aufgabe, dafür zu sorgen, daß bestimmte Personen mir beim Durchsetzen meiner Ziele nicht in die Quere kommen. Sie bilden also eine Art Schutzwall. Außerdem ist die Konferenz ein günstiger Zeitpunkt, um mich an die höchsten Engel der Menschen zu wenden, die mir helfen können. Doch im Grunde genommen können Sie die Konferenz so abhalten, wie es Ihnen gefällt. Manchmal beginne ich einfach nur mit einem leeren Stück Papier und lasse die Dinge auf mich zukommen. Mit einer lebhaften Phantasie können Sie auch die gesamte Konferenz in Ihrem Kopf, als eine Visualisation, stattfinden lassen.

Für den Verlauf einer Konferenz der Engel gibt es keine Vorschriften. Sie kann jederzeit, überall und auf jede nur erdenkliche Weise abgehalten werden, nur sollten Sie dabei im Auge behalten, daß die Engel nicht gerne hofiert werden. Zwar lieben sie Zeremonien, doch Anbetung können sie nicht leiden. Sie wollen lediglich beistehen und helfen, ohne uns dabei unseren freien Willen zu nehmen. Unter diesem Aspekt möchte ich folgende Vorschläge für die Gestaltung einer Konferenz der Engel machen:

- Eine Konferenz der Engel sollte nicht zu einer ernsten und anstrengenden Zeremonie werden, sondern sollte Anlaß sein, sich mit dem Frohsinn und der Schönheit der Engel zu umgeben.
- Die Engel lieben Kerzenlicht, deshalb sollten Sie bei der Konferenz Kerzen anzünden (besonders schön sind weiße oder rosafarbene Kerzen).
- Gestalten Sie die Umgebung so angenehm wie möglich: Schmücken Sie einen Tisch mit Blumen, Bildern, Räucherstäbchen, schönen Steinen, Engelsfiguren.
- Hören Sie während der Konferenz der Engel eine Kassette mit Harfen- oder Flötenmusik.
- Nach Beendigung der Konferenz befragen Sie die Engelkarten, und zwar im Hinblick auf Kategorien, die Sie zuvor festgelegt haben. Befragen Sie die Karten auch nach einer allgemeinen Einschätzung der Konferenz.
- Nehmen Sie alles in die Konferenz auf, was zu mehr Freude, Schönheit, Frieden, Anmut und Liebe beiträgt.
- Eine Konferenz der Engel sollte fröhlich und lustig sein, also lachen Sie, wann immer möglich. Laden Sie außerdem die Übermutsengel und die Spaßtransformatoren dazu ein.
- Halten Sie die Konferenz zusammen mit einem Freund oder einer Freundin ab, damit Sie einen Zeugen haben und auch jemanden, mit dem Sie kichern können.

- Belohnen Sie die hilfreichen Engel, indem Sie den Menschen in Ihrer Umgebung und sich selbst etwas Gutes tun. Legen Sie ein Blumenbeet an, malen Sie ein schönes Bild, verschenken Sie Ihre Liebe und Ihre Fröhlichkeit. Die Engel werden zu dem Ergebnis kommen, daß sie für ihre Dienste als Berater bei der Konferenz überreich entlohnt worden sind.
- Um auf dem laufenden zu bleiben, halten Sie mit den Engeln, deren Hilfe Sie beanspruchen, besondere Treffen ab. Wenn Sie im Bereich Karriere und Finanzen Unterstützung brauchen, setzen Sie zum Beispiel ein Arbeitsessen an. Sie können sich während der Konferenz durchaus Notizen machen; überhaupt sollte sie so realistisch wie möglich gestaltet werden. Wenn Sie allerdings zu diesem Essen in ein Lokal gehen, bitten Sie um einen besonders ruhigen Platz.

Das Leben als Spiel und Abenteuer

Es gibt nicht den geringsten Beweis dafür, daß das Leben ernst sein muß.

Brendon Gill

Wir Menschen verbringen viel Zeit damit, über den Sinn des Lebens nachzudenken und uns über sogenannte Probleme Sorgen zu machen. Mein Freund Charlie zum Beispiel war eine Weile von Problemen und Kummer vollkommen niedergedrückt. Ununterbrochen machte er sich Sorgen um seine Zukunft. Eines Tages fuhr er eine gefährliche Paßstraße entlang und grübelte gleichzeitig über irgendwelche schwerwiegenden Probleme nach, als er eine Haarnadelkurve zu schnell nahm und plötzlich in einen Abgrund von einigen hundert

Metern blickte. Sein Wagen hatte nur noch unter zwei Reifen festen Boden. In diesem Augenblick wurde ihm klar, daß er womöglich sterben würde, ohne daß die Probleme, die er so wichtig nahm, gelöst würden. Da griff jedoch eine unsichtbare Kraft ein (zweifellos sein Schutzengel). Charlie gewann wieder Kontrolle über sein Fahrzeug und kam mit dem Leben davon. Nachdem der Schock allmählich nachgelassen hatte, mußte er über die Absurdität seiner Sorgen lachen. Nichts kam ihm mehr wichtig vor – plötzlich fand er alles unglaublich komisch, und er konnte nicht aufhören zu lachen. Jetzt erkannte er, daß seine Grübeleien nur Zeitverschwendung gewesen waren und daß er die Zeit genausogut dazu hätte nutzen können, sich zu amüsieren.

Diejenigen, die der Illusion anhängen, das Leben sei ernst, erreichen irgendwann einen Punkt, an dem sie ihren Irrtum einsehen. Manchmal geschieht das auf dramatische Art in einer Situation, in der es um Leben und Tod geht, oft aber ist es auch ganz undramatisch. Plötzlich merken sie, daß sie Wochen und Monate verbracht haben, ohne sich zu freuen. Wenn Sie zu den Leuten gehören, die das Leben ernst nehmen, jedoch in der nächsten Zeit nicht unbedingt eine Situation auf Leben und Tod erleben wollen, versuchen Sie doch einmal festzustellen, wieviel Zeit und Energie Sie dafür verwenden, ernst zu sein. Schreiben Sie als erstes alle ernsten Themen auf, mit denen Sie sich im Augenblick beschäftigen. Dann überlegen Sie einmal, wie komisch diese Liste auf dem Papier wirkt, und lachen Sie laut darüber. Wenn es Ihnen nicht gelingt, die Themen lustig zu finden und darüber zu lachen, suchen Sie irgendeinen leichten und komischen Aspekt dabei, auch wenn er minimal ist. Es kann passieren, daß Sie sich vor Lachen nicht mehr halten können, wenn Sie erst einmal begriffen haben, wie komisch das Leben ist. Wir alle brauchen von Zeit zu Zeit Entspannung, und Lachen ist bestimmt nicht die schlechteste Lösung.

Lernen Sie loszulassen! Stellen Sie sich vor, Sie sind ein mit Helium gefüllter Ballon und nur die ernsten Angelegenheiten Ihres Lebens halten Sie noch mit den Füßen auf dem Boden der Tatsachen. Warum schweben Sie nicht auf und davon und sehen sich alles aus einer völlig neuen Perspektive an? Denken Sie an die Worte G. K. Chestertons: »Engel können fliegen, weil sie sich leichtnehmen.«

Lachen hat viele Vorzüge. Es trainiert die Lungen, hilft bei der Entladung überflüssiger Energie, überschwemmt Sie mit Endorphinen (einem natürlichen Schmerzmittel) und trägt zur Heilung bei. Wenn Sie Unterstützung dabei brauchen, wieder Lachen in Ihr Leben zu bringen, umgeben Sie sich mit jeder Art von witzigen Dingen und untersuchen Sie Ihr Verhältnis zum Humor. Stellen Sie eine Liste von Filmen, Schauspielern, Fernsehserien, Büchern, Freunden und Situationen zusammen, die Sie zum Lachen bringen, und suchen Sie nach immer neuen Möglichkeiten zu lachen.

Zeichnen Sie in Ihr Engeltagebuch ein Diagramm des Verhältnisses von Humor und Ernst in Ihrem Leben. Wenn Sie sich dabei ertappen, daß Sie sich in übertriebener Ernsthaftigkeit verlieren, beobachten Sie Ihr Verhalten und das der anderen. Versuchen Sie herauszufinden, welche Punkte in Ihrem Leben Sie daran hindern, lustig zu sein. Außerdem können Sie immer Engel darum bitten, Sie von der Ernsthaftigkeit zu befreien und Ihnen Humor zu schenken. In unserer Welt dominiert der Ernst des Lebens: in Kirchen, in Schulen, bei der Arbeit, in den Nachrichten. Es ist sehr schwer, dem zu entrinnen. Aber es besteht immer die Möglichkeit, einer Situation eine gewisse Komik abzugewinnen, und vielleicht können Sie sogar in Zukunft andere mitreißen.

Deklarieren Sie eine Seite Ihres Engeltagebuchs als »Mülleimer«. Sie können jeden Kummer und jeden negativen Gedanken, den Sie loswerden wollen, auf diese Seite schreiben. Wenn andere Menschen Ihnen Ärger machen, gehören auch sie in die Mülltonne; außerdem schlechte Angewohnheiten, Grübeleien, Klagen und alles, was sonst noch Ihren Seelenfrieden stört. Ist die Mülltonne voll, rufen Sie die »himmlische Müllabfuhr«, damit sie sie abholt und auf die Recyclingstelle des Universums bringt. Wenn Sie sich wirklich von diesem Müll trennen wollen, werden Sie merken, daß die Energie sauber, positiv und wieder kreativ einsetzbar zu Ihnen zurückkommt. Die himmlischen Müllverwerter haben die Fähigkeit, den Müll der einen Person für eine andere in einen wahren Schatz zu verwandeln. Entwerfen Sie in Ihrer Phantasie ein klares Bild, wie Ihre Mülltonne zum größten Nutzen aller Beteiligten in den Himmel getragen wird, und senden Sie ihr einen Stoßseufzer nach: »Fort mit Schaden!« Sie können Ihren Abfall aber auch verwerten, indem Sie die Seite mit dem Müll verbrennen und, während der Rauch aufsteigt, sich vorstellen, daß Sie von all dem Abfall befreit sind, den Sie angesammelt haben.

Engel sind niemals ernst, sie tragen keinen Ballast mit sich herum, und sie müssen einfach immer aus allem einen Spaß machen. Aus diesem Grunde können sie auch unsere Probleme nicht ernst nehmen. Das heißt jedoch nicht, daß sie sie ignorieren. Im Gegenteil, sie werden alles daran setzen, uns zu helfen, Kummer und Sorgen aus dem Weg zu räumen, damit auch wir das Leben leichtnehmen können.

Glückstraining

Glück entsteht nicht aus den Lebensumständen, sondern es liegt ganz allein in uns selbst. Glück ist nichts, was wir sehen könnten, wie einen Regenbogen, oder fühlen könnten, wie die Wärme des Feuers. Glück ist etwas, was wir sind.

JOHN SHEERIN

Wie oft schon haben Sie jemanden sagen hören: »Wenn das passiert, dann bin glücklich«? Nun, leider funktioniert es nicht so – zuallererst müssen Sie glücklich sein, und zwar ohne Grund. Glück ohne Grund ist die vollkommene Freiheit. Diese Freiheit ohne Vorbedingungen und Einschränkungen bedeutet, daß Sie nicht auf die richtigen Zutaten warten müssen, um irgendwann einmal glücklich zu sein, nein, Sie *sind* es einfach. Gleichgültig, wie die äußeren Umstände auch aussehen – Sie fühlen sich reich und glücklich. Wenn Sie wirklich grundlos glücklich sind, haben Sie sich von dem Einfluß der äußeren Bedingungen befreit und können zufrieden in der Gegenwart leben, im Hier und Jetzt.

Doch grundloses Glück müssen wir üben. Es erfordert eine genaue Selbstbeobachtung, vor allem in den Momenten, in denen Sie aus dem Zustand der Leichtigkeit und Zufriedenheit herausfallen und in einem Gefühl der Unzufriedenheit und der Unausgeglichenheit versinken.

Das Schwierige am wahren Glück ist, daß es keinen Fahrplan dorthin gibt, keine Regeln, denen man folgen kann, keine Schritte, die man unternehmen muß, keine Bedingungen, die man erfüllen muß, um diesen Zustand zu erreichen. Es gibt kein Hand- oder Kochbuch mit Rezepten und Anleitungen. Wahres Glück ist ein Zustand der Gnade. Es strömt in uns wie eine im Kreislauf vorhandene Substanz, die Geist und Körper mit positiver Energie versorgt. Es gibt nichts, was man schlucken, inhalieren, anschauen, riechen oder tun muß, um glücklich zu sein. Das Glück kommt und geht. Wir können es nicht einplanen, es ist das natürliche Resultat eines bewußten Lebens in der Gegenwart, frei von äußeren Bedingungen. Allerdings können wir die Fähigkeit trainieren, für das Glück bereit und offen zu sein.

Der erste Schritt beim Glückstraining ist, das zu akzeptieren, was Engel uns lehren: Humor, Liebe, Schönheit, Leichtigkeit des Daseins und Freude. Es bedeutet, in der Gegenwart zu leben und wach zu sein. Befreien Sie sich von Ihrer inneren automatischen Steuerung. Der Autopilot ist ein persönliches Programm, das viele von uns einsetzen, um Schmerz zu vermeiden und um die Erfahrungen im Hier und Jetzt auf Abstand zu halten. Nach einer erlernten Routine und einem vorhersagbaren Muster wandern Menschen auf Autopilot schlafwandelnd durch den Tag. Das sind nicht die Personen, die die Welt aus den Angeln heben oder das Unterste zuoberst kehren wollen, denn das ist ihrer Meinung nach viel zu gefährlich. Mit der Hoffnung, sie könnten durch den Autopiloten Schmerzen und Leid vermeiden, unterliegen sie allerdings einem Irrtum, sie schieben die Erfahrungen nämlich nur auf und verschleiern sie. Früher oder später wird die Leere sie einholen. Wenn wir Kinder sehen, die diesen Mechanismus haben, bezeichnen wir sie als psychisch krank, denn gesunde Kinder verweigern sich dem Leben nicht. Wenn sie das Bedürfnis haben zu weinen, zu lachen, zu schreien oder zu singen, dann tun sie das. Engel und Kinder sind sich sehr ähnlich: Sie sind glücklich und schöpferisch. Nach Meinung der Engel ist das der Zustand, in dem wir (alle) sein sollten. Die erste Lektion im Glückstraining heißt: Schalten Sie den Autopiloten ab. Wachen Sie auf und genießen Sie, was Ihre Sinne spüren. Halten Sie inne, riechen Sie, wie die Rosen duften. Machen Sie eine Pause, und nehmen Sie den Geschmack Ihres Kaffees wahr.

Das Gefühl, glücklich – oder unglücklich – zu sein, hängt davon ab, wie wir auf Ereignisse im Leben reagieren oder sie interpretieren. Diese Empfindungen sind nicht das Ergebnis der Umstände oder Ereignisse selbst. Ein schlimmes Erlebnis kann durch eine Überreaktion sogar noch verschlimmert werden. Mit Sicherheit aber verhindern wir unser Glück, wenn wir die äußeren Umstände an Vorstellungen messen, die einem vorgefertigten Muster entsprechen müssen. Wir dürfen auf das, was geschieht, nicht mit Furcht, Wut oder

Enttäuschung reagieren. Statt dessen sollten wir alles mit Faszination und Interesse aufnehmen, ohne gleich zu werten, ob es gut oder schlecht ist. Ereignisse oder Dinge werden erst dann gut oder schlecht, wenn wir sie an dem messen, wie sie unserer Meinung nach sein sollten. Die zweite Lektion im Glückstraining lautet demnach: Vermeiden Sie Überreaktionen, Überinterpretationen und Vergleiche. Behalten Sie in jeder Situation ein Gefühl der Leichtigkeit und Fröhlichkeit, und die Engel werden da sein, um Ihnen zu helfen.

Der glückliche Mensch ist, was andere Leute betrifft, frei von Beurteilungen, Erwartungen und Befürchtungen. Die Handlungen unserer Mitmenschen können uns nur dann verletzen, wenn wir von vornherein davon ausgehen, daß sie böse Absichten haben. Indem wir in uns selbst glücklich sind, können wir auch andere als unschuldig ansehen. Schickt Ihnen jemand einen Karton Pferdeäpfel, sollten Sie einfach annehmen, daß er vergessen hat, das Pferd dazuzupacken! Sich über die Motive anderer Menschen den Kopf zu zerbrechen, hilft weder den anderen noch Ihnen selbst, und die Erwartung, daß sich jemand auf bestimmte Weise verhält, kann nur enttäuscht werden. Das heißt, es ist reine Zeitverschwendung, sich selbst und andere zu beurteilen. Lektion Nummer drei des Glückstrainings lautet also: Lassen Sie andere Ihrem Glück nicht in die Quere kommen. Die Regel, daß Ereignisse weder gut noch schlecht sein können, gilt auch für Menschen. Betrachten Sie andere und deren Handlungen mit Faszination und Interesse, und gehen Sie davon aus, daß sie nichts Böses wollen.

Sie müssen allerdings bereit sein, aufzuhören zu leiden und zu klagen, denn diese Verhaltensweisen stehen Ihrem Glück im Wege. Viele Menschen haben sich in ein Leben auf halber Kraft gefügt, mit einem chronischen Leiden, das verschiedene Gründe haben kann: physische Schmerzen, seelische Verletzungen, Selbstvorwürfe, schlechte Angewohnheiten und unterdrückte Gefühle. Was auch immer die Ursachen sind – das Ergebnis jedenfalls ist ein ständiges Leiden. Engel sind von diesem Zustand überhaupt nicht angetan, denn ihr Zauber funktioniert nicht, solange Menschen leiden. Sie müssen also die Ursache Ihres Leidens herausfinden. Wenn Sie also bereit sind, sich von Ihrem Leiden zu verabschieden, sollten Sie aufhören zu klagen und Ihren Schmerz loslassen. Stellen Sie sich vor, daß Engel Ihr Leid von Ihnen nehmen. Sobald Sie sich einmal entschieden haben, mit den Klagen aufzuhören, springen Engel ein und helfen Ihnen bei der Umwandlung, ganz gleich, ob es sich dabei um eine Verwandlung von einem kranken zu einem gesunden Menschen handelt oder von einem gehemmten zu einem freien Menschen. Dieser Prozeß kann sich innerhalb eines Augenblicks vollziehen. Schließen Sie Frieden mit sich selbst! Dann löst sich alles, was Sie leiden läßt, in Luft auf, und Sie sind in der Lage, grundloses Glück zu erleben. Ihr Leiden lehrt Sie nur wenig Sinnvolles, also halten Sie sich nicht länger daran fest als nötig. Lektion Nummer vier des Glückstrainings lautet also: Finden Sie heraus, was Sie leiden läßt, und bemühen Sie sich, es aufzugeben, damit Sie mit Hilfe der Engel zu einem wahren Ausbund des Glücks werden. Hören Sie auf, sich um sich und um andere Sorgen zu machen.

Gehen Sie hinaus in die Welt, und verschenken Sie Ihre Liebe! Zu lieben ist die beste Methode, um glücklich zu werden. Natürlich muß die Liebe bedingungslos sein, und wie immer werden Sie empfangen, wo Sie geben. Haben Sie den Mut und das Vertrauen, Ihre Umgebung mit Ihrem Glück und Ihrer Liebe zu erfüllen. Sie werden Überfluß schaffen, der das Universum reicher macht und wieder auf Sie zurückfällt. Liebe und Glück sind synergistische Kräfte, das heißt, daß sie im Zusammentreffen stärker wirken als die einfache Summe ihrer Auswirkungen vermuten ließe. Lektion fünf des Glückstrainings lautet: Seien Sie großzügig mit

Ihrer Liebe und Ihrem Glück, und verbreiten Sie sie im ganzen Universum.

Wenn Sie also lernen wollen, für grundloses Glück offen und bereit zu sein, müssen Sie zunächst die oben beschriebenen Hindernisse aus dem Weg räumen. Grundloses Glück ist die vollkommene Freiheit. Dazu brauchen Sie nicht an einem bestimmten Ort zu sein, sich auf besondere Art zu kleiden, bestimmte chemische Substanzen zu schlucken. Sie müssen lediglich bereit sein, es zu jeder Zeit und an jedem Ort zu empfangen. Das Glück wird oft mit einem Schmetterling verglichen, der immer außer Reichweite flattert, wenn man ihn einzufangen versucht. Vielleicht läßt er sich bei Ihnen nieder, wenn Sie ganz still sitzen. Engel sind die besten Glückstrainer, die Sie finden können, also bleiben Sie besser ganz still sitzen, und lernen Sie das Glücklichsein von ihnen.

Öffnen Sie Ihr Herz!

Mit einem offenen Herzen machen Sie Engel auf sich aufmerksam, weil dadurch Ihre engelhaften Eigenschaften zum Vorschein kommen. Stellen Sie sich das Öffnen als einen Prozeß vor, bei dem Ihnen langsam Flügel wachsen. Wie wir bereits wissen, nehmen sich die Engel leicht. Aber was heißt das für uns? Es bedeutet einfach, daß wir mit einem offenen Herzen auch wieder unsere angeborene Fähigkeit entwickeln, unterhaltsam, charmant und klug zu sein und wieder unsere natürliche Unschuld zu entdecken. Fast alle Kinder haben diese Eigenschaften, bis ihnen etwas widerfährt, was sie nicht verarbeiten können. Das heißt also, daß die meisten von uns zu einer bestimmten Zeit ihres Lebens bezaubernd, klug, unterhaltsam und unschuldig waren. Manche sind es sogar noch heute!

Diese wichtigen engelhaften Eigenschaften kommen nur dann zum Vorschein, wenn wir ehrlich und uns selbst treu sind. Wenn Sie Wärme und Unschuld ausstrahlen, werden Ihnen diese Qualitäten auch entgegengebracht, denn dadurch, daß sie echt und ehrlich sind, mobilisieren Sie die Menschen in Ihrer Umgebung. Sicher kennen auch Sie Leute, die einen Raum betreten und bewirken, daß jedermann sofort gute Laune hat? Ein echtes soziales Genie hat die Fähigkeit zu erreichen, daß es anderen gutgeht und daß sie sich ernstgenommen fühlen, ganz unabhängig von ihrem sozialen Status. Warum ist das so? Weil solche Menschen sich ernstlich für andere interessieren. Haben Sie schon einmal jemanden kennengelernt, den Sie für ausgesprochen interessant und bezaubernd hielten, nur um dann später festzustellen, daß Sie die ganze Zeit geredet haben? Echter Charme bedeutet, dem anderen zuzuhören und die ganze Bandbreite seiner Persönlichkeit zu akzeptieren. Die Menschen sind wirklich faszinierende Wesen! Jeder, der ein paar Jahre auf unserem Planeten verbracht hat, hat zumindest eine interessante Geschichte zu erzählen. Und alle Menschen auf dieser Erde können uns etwas Einmaliges und Interessantes lehren. Wenn uns die Leute in unserer Umgebung langweilen, dann niemals deshalb, weil sie im Grunde uninteressant sind, sondern allein deshalb, weil wir die Fähigkeit verloren haben, jeden Moment unseres Lebens interessant zu finden.

Die wichtigsten Talente, die wir brauchen, um unser Herz zu öffnen, sind also Charme, natürliche Unschuld, Humor, ein ansteckendes Lachen und Witz – das heißt, die Fähigkeit, in jeder Situation das Lustige zu erkennen. Diese Eigenschaften bedingen sich alle gegenseitig.

Charme können wir als die Fähigkeit definieren, Liebe und Bewunderung zu wecken, anziehend und faszinierend auf andere zu wirken und sie mitzureißen wie durch Zauberei. Jemanden zu bezaubern bedeutet, ihn durch und durch zu erfreuen, ihn – bildlich gesprochen – in Freude zu baden. Ein wirklich bezaubernder Mensch wirkt magisch und anziehend und hat eine physische Präsenz, die alle erreicht. Vor allem aber ziehen Sie durch Charme andere Menschen an, weil Sie interessant und faszinierend auf sie wirken. Und natürlich zieht Charme auch die Engel an.

Reinheit des Herzens oder natürliche Unschuld gehört ebenfalls zu den Eigenschaften eines »offenen« Menschen. Ein unschuldiger Mensch zieht Engel an, ein verbitterter hingegen stößt sie ab. Denken Sie einmal über Reinheit des Herzens nach. Es ist eine angenehme, frische, unverdorbene, bejahende Lebenshaltung, die nicht verkrampft ist. Wenn sie künstlich ist, vergleichen wir sie mit Saccharin: Sie ist viel zu süß, ein künstlicher Ersatz mit einem bitteren Nachgeschmack. Aber natürliche und unverdorbene Unschuld ist die reine Freude. Wir alle tragen sie in uns. Lächeln Sie einfach und denken Sie an etwas Schönes, eine zarte Blüte vielleicht, und Sie werden sofort diese Eigenschaft in sich spüren.

Außerdem gehören zu einem offenen Herzen Witz und ein feiner Sinn für Humor. Dabei ist es allerdings wichtig, immer den Unterschied zwischen Spott und Witz im Auge zu behalten. In beiden Fällen sehen Sie das Lustige und Absurde in einer Situation, aber mit Witz können Sie niemanden verletzen, weil Sie sich nicht über andere lustig machen. Etwas ins Lächerliche zu ziehen wirkt nicht bezaubernd, auch wenn Sie dabei Ihr eigenes Objekt sind. Es ist eher unangenehm und macht die anderen nervös. Echter Witz entsteht immer aus einer liebevollen Einstellung dem Leben gegenüber und ist niemals ein Angriff gegen eine Person oder eine Sache. Worte und Gedanken sind klug kombiniert, so daß der Intellekt des Zuhörers angesprochen wird. Humorvoll zu sein heißt gar nicht unbedingt, daß Sie den Witz auch selbst machen müssen, wichtig ist dabei vielmehr, daß Sie das Lustige an einer

Situation erkennen und genießen und jederzeit herzlich loslachen können. Witz und echter Humor wirken anziehend auf andere, weil sie an die positiven Gefühle appellieren und Unbeschwertheit verbreiten.

Charmantes Auftreten verschafft Ihnen viele Vorteile, und diese wiederum bringen auch neue Chancen. Charmantes Verhalten scheint auf unserem Planeten allmählich auszusterben. Warum erhalten Sie es nicht am Leben, indem Sie zu genau der bezaubernden Person werden, die Sie gern um sich hätten?

Doch bleiben Sie dabei immer ehrlich sich selbst gegenüber. Wenn Sie sich so zeigen, wie Sie wirklich sind, kommt auch die bezaubernde Seite Ihrer Persönlichkeit zum Vorschein. Dem Dasein mit einem offenen Herzen zu begegnen gibt uns Freiheit, denn es bedeutet, auf der Sonnenseite des Lebens zu stehen. Manchmal können wir fast spüren, wie ein Mensch mit einem offenen Herzen von Engeln umgeben ist. Bitten Sie also Engel, jeden Ihrer Schritte zu begleiten, und achten Sie darauf, daß Ihr Herz rein bleibt.

Erklärungen an die Engel

Was du dir vornimmst, läßt er dir gelingen, und das Licht wird auf deinen Wegen scheinen.

Hiob 22,28

Mit einer Erklärung geben Sie etwas, was andere wissen sollen, offiziell bekannt. Wenn Sie gegenüber Engeln eine Erklärung abgeben, verkünden Sie offen, was im Himmel bekannt sein soll. Dadurch, daß Sie Ihre Ziele und Absichten erklären, stellen Sie also einen Handlungsplan für sich selbst und für Engel auf. Aus einer Bekanntmachung wird somit ein Konzept oder ein Plan, dem Sie folgen können. Engel werden Ihre Erklärung segnen und sie mit höherem Wissen und Weisheit ergänzen. Es gibt viele Wege, gegenüber Engeln eine Erklärung abzugeben. Drei Möglichkeiten, die ich immer wieder mit Erfolg angewandt habe, möchte ich in diesem Kapitel vorstellen.

Zunächst beschreibe ich die Erklärung, mit der Sie eingefahrene Verhaltensmuster, einengende Vorstellungen und negative Gedankengänge abschaffen können. Wir können zum Beispiel offen bekanntgeben, daß wir eine bestimmte Seite unserer Persönlichkeit oder gewisse Angewohnheiten verändern wollen. Schon dadurch, daß Sie diese Absicht formulieren, eröffnen sich neue Denkmöglichkeiten, und die Verhaltensweisen, die Sie ablegen wollen, werden deutlicher erkennbar. Daraus entsteht die Freiheit, anders zu handeln als zuvor.

Schreiben Sie alle Verhaltensmuster, eingefahrene Gedankengänge oder schlechte Angewohnheiten auf, die Sie ändern wollen. Sie können auch hinzufügen, mit welchen praktischen Schritten Sie diese Veränderungen durchführen wollen. Formulieren Sie anschließend eine Absichtserklärung, daß Sie dieses Verhalten ablegen und durch ein positives ersetzen wollen. Dazu können Sie folgenden Text benutzen: »Ich, ---, möchte folgende Verhaltensweisen und Gedankenmuster aus meinem Leben tilgen (führen Sie Ihre Liste auf). Ich bin bereit, zur Verwirklichung dieser Ziele folgende Schritte zu unternehmen (hier setzen Sie die Liste Ihrer Aktionen ein). Ich bitte darum, daß ich mit neu erwachtem Bewußtsein alte Verhaltensmuster erkenne, so daß ich weiß, wie ich mich eingeengt und meiner Weiterentwicklung geschadet habe, und nun bewußt neue Wege einschlagen kann. Ich bitte die Engel, diese Erklärung zu segnen und mir gute Einsichten zu schenken, statt der überholten Vorstellungen, die mir mein Glück unmöglich gemacht haben. Insbesondere bitte ich folgende Engel, mich auf den richtigen Weg zu führen (zählen Sie hier die Engel auf, die bei der Erfüllung Ihres Wunsches helfen können).« Schließen Sie die Erklärung, indem Sie den Engeln und den Mächten des Himmels für ihre Hilfe und für ihren Segen danken.

Als zweite Möglichkeit können Sie die Ziele, Wünsche und Hoffnungen für Ihre Zukunft aufführen – und so eine Planskizze entwerfen, die Sie dann in die Tat umsetzen. Schreiben Sie für diese Erklärung einen offiziellen Brief an die Engel, in dem Sie sowohl Ihren Plan darstellen als auch eine Beschreibung des Lebens geben, das Sie sich wünschen, z. B.:

Liebe Engel (oder andere höhere Mächte, Sie selbst mit eingeschlossen)!
Ich werde ein langes Leben in Gesundheit und Wohlstand genießen, in dem ich Frieden und Harmonie verbreite und die Gnade vollkommenen Glücks erfahre. Dabei werde ich mein Lebenswerk weiterhin verfolgen (beschreiben Sie es) und erreichen, daß es mit Erfolg und Wohlstand belohnt wird. (Zählen Sie an dieser Stelle die Einzelheiten auf: das Ziel, die Ausführung und die Belohnung, die Sie erwarten.) Alle Ängste, Sorgen und Befürchtungen, die mich behindern, gebe ich auf. Statt dessen bin ich offen, die Gaben des Himmels anzunehmen. Meine Arbeit wird zum größten Nutzen des Universums dienen. Alle einengenden Gedanken sollen ersetzt werden durch das Wissen um die allumfassende Liebe.

Mit freundlichen Grüßen
(Ihr Name)

Schreiben Sie ruhig so blumig, wie Sie wollen, aber stellen Sie einen genauen Zeitplan mit konkreten Daten auf. Und, wie immer, vergessen Sie nicht den Engeln zu danken. Überprüfen Sie zum Abschluß noch einmal, ob Sie sich das, was im Brief steht, auch wirklich wünschen.

Die dritte Möglichkeit für eine Erklärung ist die »Kümmre dich nicht und laß die Engel machen«-Liste.

In dieser Erklärung geben Sie die Sorgen und Probleme ab, die Sie aus Ihrem Leben verbannen wollen. Die Vorgehensweise dabei ist äußerst einfach. Schreiben Sie einfach alles untereinander, und sagen oder schreiben Sie nach jedem Begriff »euer Problem«. Die Einzelheiten dieser Liste können so knapp oder so ausführlich dargestellt werden, wie Sie mögen, die Engel werden sie in jedem Fall wahrnehmen, z. B.:

Liebe Engel!
Ich bitte euch, folgende Probleme zu übernehmen und sie zu meinem Besten zu lösen:

Geldsorgen: euer Problem
Die Frage mit dem Umzug: euer Problem
Keine Rückenschmerzen: euer Problem
Gesundheit allgemein: euer Problem
Karriere: euer Problem
Lebenslust: euer Problem
Meine Streitigkeiten mit ---: euer Problem
Mein kaputtes Auto: euer Problem

Ich danke euch Engeln, daß ihr euch um die beste Lösung bemüht und mir einen Weg ohne weltliche Sorgen ermöglicht, so daß ich weiterhin zum Höchsten streben kann.

Hochachtungsvoll
(Ihr Name)

All diese Erklärungen sollten Sie von Zeit zu Zeit überprüfen. Vergleichen Sie sie mit dem Erreichten und beglückwünschen Sie sich zu jedem Fortschritt, den Sie gemacht haben. Manchmal wollen Sie vielleicht bestimmte Dinge ändern. Das können Sie auch ohne weiteres tun, denn diese Erklärungen sind nicht in Stein gemeißelt – sie werden von Engelsschwingen getragen. Einmal mußten eine Freundin und ich uns ganz offiziell bei den Engeln entschuldigen, weil wir uns hartnäkkig etwas gewünscht hatten, was wir letztendlich gar nicht wollten. Aber natürlich machte das den Engeln nichts aus, denn sie verstehen die menschliche Natur. Wir wollten ihnen damit lediglich mitteilen, daß wir erkannt hatten, wie dumm wir waren.

Betrachtung des Tagesablaufs

Meine dreijährige Nichte meinte eines Abends, ich solle mir keine Sorgen machen, wenn sie zu spät ins Bett komme, weil sie beim Schlafengehen immer von zwei Engeln begleitet werde. Als ich genauer nachfragte, erklärte sie mir, daß die beiden Engel um ihr Bettchen herumschwebten und alle Gespenster und bösen Geister von ihr fernhielten, so daß sie tief und zufrieden schlafen könne.

Manchmal ist unser Alltag voller böser Geister, in Form von Sorgen, Streß, unfreundlichen Menschen und Termindruck bei der Arbeit. Wenn wir diese Gespenster nicht losgeworden sind, ehe wir ins Bett gehen, kann es passieren, daß wir im Schlaf den Kampf mit ihnen austragen. Aber wir brauchen unseren Schlaf! Wir sind von einem ständigen Kraftfeld umgeben, der Schwerkraft. Sie hat die Funktion, uns am Boden zu halten, und schon allein durch den aufrechten Gang kämpfen wir gegen diese Kraft an. Im Schlaf dann erholen wir uns vom Kampf gegen die Schwerkraft und vom Ernst des Lebens. Aus diesem Grunde ist es ungeheuer wichtig, daß unser Schlaf so ungestört wie möglich verlaufen kann. Es ist daher beim Lösen unserer Probleme äußerst hilfreich, wenn wir vor dem Einschlafen mit Engeln unseren Tagesverlauf noch einmal durchgehen. Dann werden unsere Träume kreativer, wir haben geniale Einfälle, und der Schlaf wird erholsamer (manche Leute haben sogar die besten Ideen im Schlaf!).

Sparen Sie sich also vor dem Einschlafen ein bißchen Zeit für die Betrachtung Ihres Tagesablaufs auf. Überlegen Sie, was gut gelaufen ist und was schlecht. Wenn Sie die Sorgen oder Enttäuschungen des Tages nicht loslassen können, bitten Sie die Engel, Sie davon zu befreien und Ihnen vielleicht dabei zu helfen, im Traum eine kreative Lösung des Problems zu finden. Gehen Sie also zunächst die Schwerkraftliste des Tages durch – also die Liste all der Dinge, die ernst und schwerwiegend sind –, um dann Ihre Aufmerksamkeit auf alles Positive zu richten. Danken Sie für das, was Ihnen an Segensreichem widerfahren ist. Denken Sie an die lustigen und schönen Erfahrungen, die Sie im Laufe des Tages gemacht haben. Bitten Sie Engel außerdem darum, daß Sie beim Einschlafen leicht und zufrieden, und daß Ihre Träume süß und friedlich sind – mit anderen Worten, bitten Sie die Engel, Sie in den Himmel zu tragen.

Für den Fall, daß Sie Angst vor dem kommenden Tag haben, versuchen Sie folgendes: Nehmen Sie einen Zettel, und zeichnen Sie den Tagesverlauf auf, als ob Sie ihn schon hinter sich hätten. Zum Beispiel so: »Heute wachte ich frisch und munter um sieben Uhr auf. Ich hatte genügend Zeit, um mit Genuß zu frühstücken und in aller Ruhe über mein Leben nachzudenken. Ich verließ um neun Uhr das Haus, es herrschte wenig Verkehr, und ich kam problemlos durch. Ich fand einen tollen Parkplatz und war bei der Arbeit sogar zu früh dran. Die Besprechung mit --- um zehn Uhr verlief gut, sie ist auf --- eingegangen. In der Mittagspause schaffte ich es, Besorgungen zu machen, zu essen und mich sogar mit Bekannten zu unterhalten. Der Rest des Tages war äußerst produktiv. Ich kam früh nach Hause, und mein anschließendes Abendessen mit --- verlief unglaublich stimmungsvoll und romantisch...«

Wahrscheinlich haben Sie längst verstanden, was ich sagen will. Wenn Sie alles aufgeschrieben haben, bitten Sie Engel, Ihre Pläne zu segnen. Am Ende dieses »vollkommenen« Tages vergleichen Sie die Niederschrift mit den tatsächlichen Ereignissen, und stellen Sie fest, wie gut Sie sich gehalten haben. Diese Technik ist sehr hilfreich, wenn Sie vor wichtigen Ereignissen stehen und dabei gern unsichtbare Helfer um sich haben wollen.

Sie können sich auch den nächsten Tag visualisieren. Dabei gehen Sie ähnlich vor: Bitten Sie Engel, daß sie Ihnen helfen, die Menschen, mit denen Sie zu tun haben, besser zu verstehen. Wie sind sie wirklich? Gibt es überhaupt eine gemeinsame Verständigungsbasis? Was sind deren tiefste Wünsche? Sie können Engel auch um Hilfe bitten bei anstehenden Telefongesprächen und darum, daß sie Sie an all die wichtigen und unwichtigen Kleinigkeiten erinnern, die uns oft soviel Arbeit machen und Kraft kosten.

Bei dieser Technik können Sie sich vorstellen, daß Sie eine unsichtbare Sekretärin haben (den Engel, der Ihr Kopilot ist). Besprechen Sie mit Ihrem Kopiloten, wie er Ihnen am kommenden Tag helfen kann. Es funktioniert wirklich! Sie haben nämlich dann im Unbewußten ein Programm gespeichert, nach dem Sie vorgehen. Das Unbewußte ist sehr wohl in der Lage, einem Zeitplan zu folgen. Stellen Sie sich ein privates Büro vor, in dem sich jemand um alle Kleinigkeiten kümmert, während Sie sich den Anforderungen der Welt stellen.

Viele Menschen sehen sich im Fernsehen die Nachrichten oder einen spannenden oder grausamen Film an, bevor sie schlafen gehen. Nun sind die Nachrichten nur höchst selten erfreulich und machen uns oft Angst und Sorge. Das ist kein sehr guter Zustand zum Einschlafen! Viel besser wäre es, etwas Aufbauendes zu lesen und entspannende Musik zu hören, als sich im Spätprogramm des Fernsehens Gewalt und Grausamkeit auszusetzen. Wenn Sie also unbedingt vor dem Schlafengehen fernsehen wollen, suchen Sie sich wenigstens etwas Leichtes und Lustiges aus – wenn es solche Sendungen gibt.

Wenn Sie zu Bett gehen, klären Sie zunächst Ihren Geist und rufen Sie Engel herbei, so daß Sie in einem höheren Bewußtseinsgrad schlafen können. Nachdem Sie sich nun um den vergangenen Tag keine Gedanken mehr machen müssen und für den kommenden Tag alles geplant haben, können Sie die tiefe Ruhe genießen und in Frieden einschlafen. Stellen Sie sich vor, daß Engel Sie ins Bett bringen, Sie mit der warmen, weichen Decke ihrer goldenen Liebe zudecken und die ganze Nacht um Ihr Bett schweben, die bösen Geister abwehren und feines Goldpulver auf Ihre Träume und Hoffnungen stäuben.

Die innere Stimme

Wir Menschen gönnen uns normalerweise wenig Ruhe, sondern hasten durch den Tag und kommen nie dazu, all das auch zu verarbeiten, was wir ständig aufnehmen. In der Hoffnung, daß wir nicht so bald an die Himmelspforte klopfen müssen, ignorieren wir unser wahres Ich. Es ist aber viel einfacher, am Himmelstor zu stehen, wenn Engel dort auf uns warten. Wenn wir meditieren, unsere Mitte finden und beten, schwingen wir uns auf das Rad des himmlischen Kreislaufs von Leben und Tod und lernen so, unsere Eindrücke zu unserem Besten zu verarbeiten.

Es gibt viele verschiedene Meditationstechniken. Sie können sich zum Beispiel auf ein Mantra, ein Bild oder einen Gegenstand konzentrieren oder einfach nur auf Ihren Atem achten. Aber vielleicht wissen Sie ja auch schon längst, was Meditation ist, und meditieren regelmäßig. Dadurch, daß Sie auf Ihren Atem achten und auf eine neutrale Art die Informationen, die gerade hochkommen, verarbeiten, finden Sie Ihr Zentrum, das heißt, Sie werden ein Mensch, der in sich ruht. Und durch Beten wiederum drücken Sie Ihren Wunsch nach Erkenntnis und himmlischem Frieden aus.

Engelmeditation

Setzen Sie sich zunächst an einem ruhigen Ort bequem hin. Schließen Sie die Augen, und versuchen Sie, nicht zu denken. Wenn Ihnen jedoch Gedanken durch den Kopf schießen sollten, nehmen Sie sie an und geben Sie sie frei, um sich anschließend wieder auf das Nichtdenken einzustellen. *Achten Sie auf Ihre Wahrnehmung,* denn Sie sollten sich niemals angestrengt auf einen Gegenstand konzentrieren und Gedanken mit Gewalt verdrängen. Lassen Sie sich vom Kommen und Gehen der Gedanken nicht aus der Ruhe bringen, sondern richten Sie Ihre Aufmerksamkeit auf Engel. Dabei können Sie, wenn Sie wollen, den Begriff »Engel« wie ein Mantra benutzen. Lassen Sie sich von diesem Wort tragen, und rufen Sie ein Lächeln auf Ihre Lippen. Spüren Sie, wie Sie von Frieden erfüllt werden, und fühlen Sie, wie das Lächeln Sie erhebt und mit einem hellen Licht umgibt. Jetzt können Sie Engel bitten, Sie in den Himmel zu tragen, damit Sie sich zu ihnen gesellen können. Vielleicht dürfen Sie für kurze Zeit auch ein Engel werden und die Fröhlichkeit und die Glückseligkeit der himmlischen Gefilde am eigenen Leib erfahren. Lernen Sie Ihren Schutzengel kennen – er ist wie ein alter Freund. Folgen Sie Ihrer Intuition, denn es gibt keine festen Regeln. Dies ist der beste Moment, Engel zu bitten, Sie mit ihrer unermeßlichen Weisheit zu leiten. Lauschen Sie aufmerksam, ob Engel vielleicht eine Botschaft für Sie haben. Diese muß nicht unbedingt in Form von Worten zu Ihnen dringen, sondern sie kann Sie auch, wie so oft bei Engeln, durch Gefühle und Eindrücke erreichen. Manchmal spüren Sie das Ergebnis einer Meditation erst nach Stunden, oder ein neuer Gedanke, der sich während der Meditation in Ihrem Unbewußten festgesetzt hat, dringt erst später an die Oberfläche. Manchmal breiten Engel auch während der Meditation Bereiche Ihres Lebens vor Ihnen aus, wie die Teile eines Puzzles, so daß Sie sehen können, woran Sie noch zu arbeiten haben. Mit der Zeit werden Sie ein Teil nach dem anderen an die richtige Stelle legen können und damit immer näher zur Wahrheit vordringen.

Wenn Sie Engel gerade erst kennenlernen, kann Meditation auch dazu genutzt werden, negative Gedanken und emotionale Blockierungen abzubauen, die Sie daran hindern, den Kontakt zum himmlischen Bereich herzustellen. (Sehen Sie dazu auch Kapitel 19 über die Erklärungen an die Engel.) Haben Sie Geduld, arbeiten Sie sich Schritt für Schritt nach vorn, und versuchen Sie, alles aus Ihrem Bewußtsein zu tilgen, was Ihrer Phantasie Schranken setzt. Schon bald werden Sie die Weisheit Ihrer inneren Stimme laut und deutlich vernehmen können, und die Freude und das Glück der Engel werden Sie nicht mehr verlassen.

Finden Sie Ihre Mitte

Wenn Sie Ihre Mitte gefunden haben, arbeitet der Geist im Einklang mit dem Körper, es besteht also ein Gleichgewicht zwischen beiden Kräften. In diesem Zustand schweben Sie weder in Gedanken ständig in den Wolken und vermeiden so den Kontakt zum wirklichen Leben, noch sind Sie zu schwerfällig und nehmen jedes Ereignis viel zu ernst. Statt dessen lenken Sie Ihre Energie in einen harmonischen Fluß. Wenn unsere Energie diffus in alle Richtungen fließt, drehen wir uns, bildlich gesprochen, im Kreise. Doch indem wir unser inneres Gleichgewicht finden, lenken wir die Energie gezielt in eine Richtung, um unsere Ziele zu erreichen. Außerdem treten wir dabei in Kontakt zu unserem höheren Selbst und zu den Engeln, die uns leiten.

Einen Menschen, der seine Mitte gefunden hat, kann so schnell nichts umwerfen. Er verfügt über die richtige Einschätzung seiner äußeren Lebensbedingungen und über das innere Potential und die nötige Kreativität, um mit dieser Realität fertigzuwerden. Manchmal können Sie schon durch einen Ortswechsel Ihre eigene Mitte finden – zum Beispiel, wenn Sie nach draußen gehen, um ein bißchen frische Luft zu schnappen, oder wenn Sie einen schönen Garten bewundern. Auch Sport und Bewegung können behilflich sein – machen Sie einen ausgedehnten Strandspaziergang, oder tanzen Sie zu

Ihrer Lieblingsmelodie. Andere Möglichkeiten sind: Musik machen, malen, kochen oder schreiben (besonders Tagebuch). Konzentrieren Sie sich dabei ausschließlich auf diese Tätigkeit, und denken Sie an nichts anderes.

Eine der Techniken, durch die Sie Ihre Mitte finden können, ist Meditation. Allerdings haben die meisten von uns tagsüber keine Zeit, richtig zu meditieren. Pausen für eine abgekürzte Meditation hingegen findet eigentlich jeder. Diese Praxis sollten Sie immer dann anwenden, wenn Sie spüren, daß Sie aus dem Gleichgewicht geraten sind. Suchen Sie sich einen Platz, an dem Sie die Augen schließen können, und atmen Sie ruhig. Klären Sie dann Ihren Geist und bitten Sie Engel um sofortigen Beistand und um neue Einsichten in das Problem, das Ihnen die Ruhe geraubt hat. Entspannen Sie sich mit einem Lächeln. Bitten Sie Engel, Ihnen Kreativität und inneren Frieden zu schenken, und kehren Sie mit neuer Frische zu Ihrer Tätigkeit zurück.

Gewöhnen Sie sich an, nicht zu emotional auf Ereignisse zu reagieren und alles nur danach zu messen, ob es gut oder schlecht ist. Denken Sie statt dessen lieber: »Das ist eine interessante Erfahrung. Ich mache mal besser eine Pause und bringe mich wieder ins Gleichgewicht, damit ich nicht ausflippe.« Holen Sie tief Luft und betrachten Sie das Problem aus einem anderen Blickwinkel. Schon durch eine kurze Pause, die Sie mit den Engeln verbringen, können Sie Ihr inneres Gleichgewicht wiederfinden.

Beten

Beten ist eine Möglichkeit, mit den uns umgebenden höheren Mächten in Kontakt zu treten, ob wir sie nun Gott, Buddha, Bodhisattva oder einfach nur die Kräfte des Universums nennen. Wir können allein oder zusammen mit anderen beten, ein Gebet singen oder in ein Gedicht fassen. Ein Dankesgebet kann eine sehr intensive Erfahrung sein. Manchmal beten wir und merken es gar nicht – zum Beispiel, wenn es uns schlecht geht und wir klagen, daß uns doch geholfen werden möge.

Drei verschiedene Arten des Gebets möchte ich Ihnen vorstellen. Die erste ist das Beichtgebet, in dessen Verlauf wir mit unserem inneren Widersacher Frieden schließen. Mit der zweiten Art stellen wir die Verbindung zu anderen Menschen her, indem wir darum bitten, daß diese Personen oder unsere Projekte gesegnet werden. Die dritte Form des Gebets ist ein »Ja« zum Leben, bei dem wir uns voll und ganz dem Willen Gottes fügen. Auf diese Weise drücken wir unsere Dankbarkeit und unser Vertrauen in die himmlischen Mächte aus.

Ein Gebet ist eine ganz persönliche Angelegenheit, und jeder führt es auf seine eigene Weise aus. Aber fast immer treten wir dabei über Worte mit Gott in Kontakt. Wir können entweder ganz genau erklären, was wir uns wünschen, oder aber lediglich um Gottes unerschöpflichen Segen bitten und darauf vertrauen, daß sich alles zum Guten wendet. Auch ein Gebet kann dazu beitragen, daß wir unsere Mitte finden und wieder ins Gleis kommen. Im Gebet sprechen wir Engel an, und in der Meditation lauschen wir auf ihre Antwort. Es ist unsere Bitte um himmlische Fürsprache, sowohl für uns selbst als auch für andere.

Formulieren Sie Ihr Gebet an die Engel so, als wäre Ihr Wunsch bereits in Erfüllung gegangen. Mit anderen Worten:

danken Sie den Engeln, daß sie die Last von Ihnen genommen haben, zum größten Nutzen aller Beteiligten, wie im Himmel, also auch auf Erden. Vergessen Sie nie, daß Engel für die höchsten Mächte arbeiten. Danken Sie also Gott und den Engeln in Ihren Gebeten, und bitten Sie darum, daß Sie mit himmlischem Frieden gesegnet werden.

Ihr persönlicher Altar

Ein Altar ist ein Ort der spirituellen Konzentration. In einer Kirche hat der Altar die Funktion, die Gaben für Gott zu tragen, wie zum Beispiel das Brot und den Wein für das Abendmahl. Aber vielleicht haben Sie ja, wie viele Menschen, bereits einen Altar in Ihrer Wohnung. Wenn nicht, können Sie sich solch einen Platz leicht schaffen, indem Sie kleine Dinge, die für Sie wichtig sind, zusammensuchen. Das kann alles sein, was Ihnen in den Sinn kommt, wie zum Beispiel Bilder, kleine Figuren, eine Vase mit Blumen, Gebetsschnüre, Kristalle, Versteinerungen, Muscheln, Broschen, Ikonen oder ein Gefäß für Räucherstäbchen. Das alles arrangieren Sie an einer freien Stelle, entweder auf einem kleinen Tisch, in einem Fach im Bücherregal, auf einer Kommode oder einer Fensterbank. Wenn Sie vermeiden möchten, daß andere Leute Ihren Altar sehen, suchen Sie sich eine entlegene Ecke in Ihrer Wohnung dafür aus. Außerdem können Sie ihn so gestalten, daß niemand ihn als solchen erkennt. Nehmen Sie ein schönes Stück Stoff als Unterlage, um den Altar mit anregenden Farben zu erfüllen, und lassen Sie immer ein Plätzchen frei für eine Kerze, denn Engel lieben Kerzenlicht. Kerzenlicht reinigt und erleuchtet die Atmosphäre und zieht die Engel an.

Zünden Sie die Kerze auf Ihrem Altar an, setzen Sie sich davor und genießen Sie seine Schönheit. Rufen Sie die Engel herbei; es ist hilfreich, wenn Sie sanfte Meditationsmusik abspielen – besonders gern mögen die Engel Flöten- und Harfenmusik. Außerdem können Sie ein Räucherstäbchen abbrennen. Suchen Sie in Ihrer spirituellen Andacht Freude, Liebe und göttlichen Humor, und nehmen Sie das goldene Licht in sich auf, das Sie geschaffen haben.

Engel im Alltagsleben

Es macht großen Spaß, sich auf die Suche nach Engeln zu machen, in der Musik, in der Malerei und auch in Gesprächen um uns herum. Immer wieder entdecken wir in unserem Alltag Beispiele dafür. Wir alle verlassen mindestens einmal am Tag das Haus. Und meistens hören wir Musik, sei es zu Hause im Radio oder im Auto. Außerdem läuft in den meisten Geschäften und Lokalen eine Musikkassette. Achten Sie einmal darauf, wie oft in den Songs der Begriff »Engel« auftaucht! Und wenn Sie sich Ihre alten Schallplatten anhören, werden Sie erstaunt sein, wie oft dieses Wort zu hören ist.

Sehen Sie sich einmal im Lebensmittelgeschäft und in der Drogerie an, bei wie vielen Produkten der Begriff »Engel« im Namen verwendet wird. Die Liste der Artikel reicht von Toilettenpapier über Parfüm bis hin zu Nudeln oder Alkohol. Bei vielen Artikeln finden wir auf dem Etikett auch Anspielungen auf den Himmel oder das Paradies oder auch die Namen bestimmter Engel.

Halten Sie das nächste Mal, wenn Sie eine Kunstausstellung besuchen, Ausschau nach Darstellungen von Engeln, denn bis jetzt sind Sie wahrscheinlich immer daran vorbeigelaufen und haben sie gar nicht richtig registriert. Auch in Zeitschriften und auf Buchumschlägen werden Sie Engel entdecken. Dabei ist es interessant zu untersuchen, wie sich die Abbildungen im Laufe der Zeit verändert haben. Besonders die visionären Künstler des New Age haben wunderschöne Bilder von Engeln entworfen. Es gibt für alle Anlässe Glückwunschkarten mit Engelsmotiven, und die Museen quellen über mit Statuen und Gemälden, die Engel zeigen.

Auch im Fernsehen sind Engel vertreten. Es gibt sogar eine Vorabendserie mit einem Engel, der in Menschengestalt auf die Erde kommt, um den Leuten zu helfen. Auch in Spielfilmen, ganz gleich, ob neu oder alt, tauchen immer wieder Engel auf. Manchmal stoßen wir in den Nachrichtensendungen auf einen Engel des Augenblicks, also auf einen plötzlich auftauchenden Retter. Ob diese Engel des Augenblicks jemanden vor der Macht der Dunkelheit bewahren oder aus einer gefährlichen Situation retten, ist dabei gleichgültig, jedenfalls ist es immer wieder faszinierend, von ihnen zu hören, und wir sollten diesen Engeln viel mehr Aufmerksamkeit widmen. Außerdem können Sie sicher sein, daß die unsichtbaren Helfer des Himmels am Werk waren, wenn Sie in den Nachrichten von einem Unglück hören, bei dem auf wundersame Weise nur wenige Personen verletzt wurden.

Probieren Sie einmal aus, in Wolkenformationen Engel zu erkennen. Manchmal können wir Engel in Reflexionen auf Glas oder auf einer Wasseroberfläche sehen. Ich habe auch schon einige Fotos aufgenommen von seltsamen Lichtphänomenen, die ohne Grund erschienen und mir wie Engel vorkamen. Einmal machte ich eine Aufnahme von zwei Freundinnen, die nebeneinander saßen und, wie mir schien, ähnlich ausgeleuchtet waren. Doch eine der beiden war auf dem Abzug so überbelichtet, daß man kaum ihr Gesicht erkennen konnte. Das hat mich weiter nicht gewundert, denn diese Freundin hat eine Aura des Lichts um sich und ähnelt oft einem Engel. Ebenso können Flecken auf alten Gebäuden, Farbkleckse, Gesteinsformationen und Lichterscheinungen am Himmel uns an Abbildungen von Engeln erinnern.

Wenn Sie Ihr Bewußtsein für die Existenz der Engel im

Alltagsleben schärfen, werden Sie mit der Zeit eine klarere Vorstellung sowohl vom eigenen Wesen als auch von den Hilfsmitteln der Engel entwickeln.

Das Spiel der Engel

Die Arbeit der Engel ist im Grunde genommen immer ein Spiel. Wenn Sie die Engel auf sich aufmerksam machen wollen, müssen Sie die Zeichen erkennen, die darauf hindeuten, daß Engel bei Ihnen sind und spielen. Ohne dieses Wissen sind Sie nicht in der Lage, diese wichtige Beziehung lebendig zu erhalten.

Eine Komponente des Spielens ist die freie Bewegung. Normalerweise wird im Spiel niemand kontrolliert oder eingeschränkt, und wir haben die Möglichkeit, mit anderen Gattungen in Beziehung zu treten. Zum Beispiel spielen Menschen mit Hunden, mit Katzen oder mit Delphinen – und auch mit Engeln.

Ein Spiel, das Engel mit uns treiben, sind synchronistische Ereignisse. Engel sind es auch, die uns in den ernstesten Situationen Humor schenken. So sorgen sie oft für ein Erlebnis, das uns laut auflachen läßt, auch wenn wir eigentlich das Gefühl haben, daß wir ganz am Ende sind.

Glückliche Zufälle und neue Möglichkeiten sind ein Zeichen dafür, daß Engel mit uns spielen. Solche Ereignisse erscheinen uns wie ein Geschenk des Himmels, aber eigentlich haben wir sie selbst herbeigerufen, indem wir fest daran geglaubt haben, daß sie uns zustehen. Wenn wir überzeugt sind, daß wir es verdienen, glücklich zu sein, sorgen Engel dafür, daß wir es auch werden. Glück ist ein Spiel, und wir müssen selbst aktiv werden. Wie bei jedem Spiel gibt es Chancen, die wir ergreifen, und Dinge, die wir unternehmen müssen, um letztendlich zu gewinnen. Aber die Engel helfen uns, zu erkennen, worauf es ankommt.

Solange wir von Engeln umgeben sind, besteht immer Hoffnung. Hoffnung ist wie ein Samenkorn, das Engel in unser Bewußtsein legen und anschließend hegen und pflegen, damit es wachsen und gedeihen kann. Hoffnung und Vertrauen können physische und psychische Krankheiten heilen, denn diese Eigenschaften erst geben uns den Willen, einen Ausweg zu suchen.

Manchmal gibt uns das Spielen mit Engeln das Gefühl, wir seien so leicht, daß wir im nächsten Augenblick davonschweben könnten. Möglicherweise vergessen wir dabei sogar, daß wir noch einen Körper haben. Dieses Gefühl ist die reine Freude und die höchste Erfahrung der universellen Liebe. Es ist ein Geschenk der Engel, sie zeigen uns auf diese Weise, daß sie in der Nähe sind und daß wir unser Glück verdienen.

Die Zeichen zu erkennen und zu deuten, die darauf hinweisen, daß Engel in unserem Leben spielen, bedeutet demnach, die guten Gefühle zu vertiefen und uns in einen engeren und intensiveren Kontakt zu Engeln zu bringen. Sie sollten immer dann, wenn Sie Engel um etwas gebeten haben, auf Anzeichen für ihr Spiel achten. Danken Sie ihnen, und bitten Sie sie, nicht aufzugeben in ihrem Spiel.

Kleidung, die Engel lieben

Eine Möglichkeit, die himmlischen Wesen auf sich aufmerksam zu machen, besteht darin, Farben zu tragen, die Engeln gefallen. Sie haben wahrscheinlich mittlerweile verstanden, worauf es im Kontakt mit Engeln um uns herum ankommt. Dadurch, daß Sie bestimmte Farben tragen, zeigen Sie auf ganz persönliche Art, wie Sie das Wesen der Engel verstehen.

Hier sind einige Vorschläge, die ich aus Gesprächen mit anderen und Büchern über Engel entnommen habe.

Farben, die bestimmte Engel anziehen

Schutzengel: Rosa, Pink (Zeichen für Wohlwollen des Himmels) und ein sanftes Grün
Heiler: ein tiefes Saphirblau
Engel der Geburt: Himmelblau
Zeremonien- und Musikengel: Weiß
Engel der Natur: Apfelgrün
Engel des Wissens und der Kunst: Gelb
Die Seraphim (die »Brennenden« im ersten himmlischen Chor, die Gottes Thron am nächsten sind): Feuerrot
Die Cherubim (im darauffolgenden Chor): Blau
Erzengel Michael: ein sattes Grün, leuchtendes Blau, Gold und Rosa
Erzengel Raphael: Hellblau und ein sanftes Grün
Erzengel Gabriel: Bronze, Braun und Dunkelgrün

Sehen Sie sich die Farben in einer Perlmuttmuschel an und wählen Sie die Töne Ihrer Kleidung aus diesem Spektrum. Diese wunderschönen, zarten Pastellfarben werden Ihnen das Gefühl geben, leicht zu sein und zu schweben. Damit machen Sie mit Sicherheit die Engel auf sich aufmerksam.

Kleidung, die Ihren Körper umfließt und umschmeichelt:
Leichte Stoffe, in die der Wind greifen kann, so daß Ihnen bewußt wird, daß Sie Teil der Natur sind
Clownskostüme, mit denen Sie andere zum Lachen bringen
Engelskostüme mit einem Flügel und einem Heiligenschein
Kleidung ganz in Weiß, die das Licht reflektiert.

Duftessenzen, mit denen Sie Engel anziehen

Es heißt, daß wir den Duft von Rosen und Jasmin riechen können, wenn Engel (insbesondere Schutzengel) in der Nähe sind. Der Duft der Pinien soll die Heiler anziehen und auch immer in ihrer Anwesenheit zu riechen sein. Sandelholz wiederum wird den Kreativitätsverwaltern und Musen zugeschrieben.

Benutzen Sie also bestimmte Duftstoffe, um die Engel anzuziehen, die Sie um sich haben wollen. Stellen Sie Blumen in Ihrer Wohnung auf, brennen Sie Räucherstäbchen ab, oder tragen Sie Parfüm. Zum Beispiel:

Geißblatt für die himmlischen Botschafter
Gardenie für die Sorgenbefreier und für die Wohlstandsmakler
Hyazinthe für die Seelenengel
Flieder für die Glückstrainer.

Wenn Sie in einer schwierigen Situation stecken, stellen Sie sich vor, daß Sie einen Heiligenschein tragen und von hellem Licht umgeben sind. Stellen Sie sich auch Ihr Auto mit einem hellen Lichtschein vor, der Sie vor negativen Kräften schützt.

Tragen Sie Kleidung, die den Engeln gefällt. Der Spaß, den Sie dabei haben, wird auch die Engel anziehen. Das ist ein Spiel, das Sie ganz nach Ihren eigenen Regeln gestalten können, also hören Sie auf Ihre Intuition. Wenn Sie das Gefühl haben, daß eine bestimmte Farbe auch bestimmte Engel anzieht, umgeben Sie sich damit, und die Engel werden zu Ihnen kommen.

IV
Können wir wie Engel leben?

Verzeihen und loslassen

Man kann sagen, daß die Menschen unseres Planeten entweder Liebe schenken oder ängstlich danach rufen.

GERALD JAMPOLSKY

Verzeihen bedeutet, sich nicht mehr zu ärgern, wenn man angegriffen wird, denn dann nehmen uns Ärger und Vorwürfe nicht mehr gefangen. Es ist schwer, aufrichtiges Verzeihen zu erlernen, vor allem, wenn andere uns scheinbar vorsätzlich schaden wollen. Aber möglicherweise sehen sie die Dinge, um die es geht, völlig anders als wir; doch wir bestehen darauf, daß sie uns um Verzeihung bitten. Im Grunde genommen ist es egal, ob eine negative Handlung vorsätzlich geschah oder nicht. Die Probleme entstehen einzig aus unserer Sicht der Dinge und aus unseren Reaktionen. Wenn wir nicht lernen zu verzeihen und loszulassen, kann das, was sich an Ärger, Vorwürfen und Schmerz in unserem Bewußtsein angestaut hat, uns später einmal große Schwierigkeiten bereiten.

Aktuellen Untersuchungen zufolge besteht ein Zusammenhang zwischen angestautem Ärger und möglichen Krebserkrankungen. Ärger und Frustration hemmen jegliche Lebensfreude und verschleiern den Blick für das Hier und Jetzt. Wenn wir innerlich an alten schmerzvollen Erlebnissen festhalten, ist es schwer, glücklich zu sein. Durch den Akt des Verzeihens hingegen befreien wir uns von vergangenen Einschränkungen und geben unserer Gegenwart ein festes Fundament ohne negative Erinnerungen.

Oft ist es am schwersten, den Menschen zu verzeihen, die wir am meisten lieben. In diesem Fall sollten Sie ein Vergebungsschreiben an den höchsten Engel des Betreffenden verfassen. Vielleicht können Sie sich nicht genau vorstellen, wie Ihr Verzeihen ablaufen soll. Arbeiten Sie zunächst an dem Wunsch, die problematische Situation aufzulösen. Schreiben oder sprechen Sie zu dem höchsten Engel Ihres Gegenübers und bestätigen Sie, daß Sie wirklich vergeben und vergessen wollen. Werden Sie wieder glücklich! Stellen Sie sich vor, daß Ihr höchster Engel und der des anderen miteinander reden und gemeinsam die Schwierigkeiten für Sie aus dem Weg räumen, so daß sich schließlich alles in Freude und Wohlgefallen auflöst. Allerdings muß die Bereitschaft zu verzeihen von Ihnen ausgehen. Den Rest können Sie dann ruhig die Engel erledigen lassen!

Ein kosmisches Band verbindet uns mit dem, was wir am meisten hassen. Vielleicht sind wir gerade mit dem Menschen, den wir innerlich am meisten ablehnen, am unentrinnbarsten verbunden. Ärger und Aggression können einen Schneeballeffekt im Geist auslösen. Wie ein Schneeball zur Lawine wird, wenn er den Berg hinunterrollt, erhält unser Ärger durch eine verzerrte Wahrnehmung immer neue Nahrung. Mit anderen Worten: Eine kleine Kränkung kann zu einem riesigen Ärgernis heranwachsen, das immer schwerer zu verzeihen ist, je länger wir damit warten.

Abraham Lincoln wurde dafür kritisiert, wie er seine »Feinde« behandelte. Daraufhin antwortete er: »Vernichte ich meine Feinde nicht am ehesten, wenn ich sie zu meinen Freunden mache?« Früher wurde uns beigebracht: »Liebet Eure Feinde.« Aber das ist leichter gesagt als getan, vor allem, wenn unsere schlimmsten Feinde wir selbst sind! Oft sind wir die letzten, die das durchschauen, denn wir können nicht aus unserer Haut und von außen beobachten, wie wir uns selbst fertigmachen.

So fielen mir einmal, als ich mit dem Auto unterwegs war, an allen Autos irgendwelche Mängel auf. Bei dem einen war das Rücklicht ausgefallen, bei dem anderen kamen schwarze Schwaden aus dem Auspuff, beim dritten waren die Reifen abgefahren und so weiter. Dann wurde mir klar, daß ich gar nicht merken würde, wenn an meinem Auto etwas nicht in Ordnung wäre. Um festzustellen, ob bei meinem Wagen das Rücklicht funktioniert, müßte ich aussteigen und mir alles von außen ansehen. Ehe ich nicht mein Auto von außen betrachtete, konnte ich nicht wissen, in welchem Zustand es ist. Aber wie können wir dann aus unserem Leben heraustreten und herausfinden, was bei uns nicht in Ordnung ist? Wir haben nicht die Möglichkeit, unseren Körper einfach so zu verlassen. Wir können uns jedoch bewußt werden, auf welche Weise wir uns schaden, indem wir uns selbst wie unseren ärgsten Feind behandeln.

Um das zu erreichen, müssen wir lernen, negative, gegen uns selbst gerichtete Gedanken aufzuspüren und zu ändern. Es ist außerordentlich wichtig, daß wir uns selbst verzeihen können. In dieser Hinsicht sind wir oft uns selbst gegenüber am strengsten. Wenn Schuldgefühle uns daran hindern, uns selbst zu vergeben, müssen diese als erstes abgebaut werden. Sie entstehen meist aus angestautem Ärger und aus der Angst vor Strafe oder Zurückweisung durch andere. Halten Sie sich jemandem gegenüber für schuldig, fühlen Sie sich möglicherweise zu Dingen getrieben, die Sie nicht gutheißen, oder Sie haben Angst, von dem Betreffenden kontrolliert zu werden. Daraus entsteht leicht Ärger. Oft erledigen wir etwas für andere, weil wir es für unsere Pflicht halten, und ärgern uns dann über die vergeudete Zeit. Wenn wir glauben, die Erwartungen anderer Menschen erfüllen zu müssen, ist der Ärger schon vorprogrammiert. Dann entstehen Schuldgefühle und aus diesen wiederum das Verlangen, sich zu rächen. Und Vergeltung bedeutet letztendlich Leid.

Auch wenn es uns mal wieder »zu gut geht«, können Schuldgefühle aufkommen. Möglicherweise glauben Sie, Sie hätten dieses Glück nicht verdient: »Wie kann ich mich nur wohlfühlen, wo es doch anderen so schlecht geht!« Vielleicht haben Sie ein schlechtes Gewissen, weil Sie im Gegensatz zu anderen soviel besitzen, und Sie glauben, man beneide Sie um Ihr Glück und mißgönne es Ihnen gleichzeitig. Verzeihen ist jedoch auch ein Ausdruck bedingungsloser Liebe. Das bedeutet, daß wir auch uns selbst annehmen und bedingungslos lieben. Schuldgefühle führen letztendlich zum gleichen Ergebnis wie Ärger und Aggressionen: Sie können einen Menschen buchstäblich krank machen.

Wir können niemals so glücklich sein, wie wir es eigentlich verdient hätten, solange unser Denken von Schuldgefühlen und Haß geprägt ist. Was auch immer die Ursache dafür war, Sie müssen Ihre Haßgefühle ablegen! Quälen Sie sich nicht grundlos! Sie müssen es nur wollen, die Engel kommen Ihnen dann zu Hilfe. Egal, um was es geht, sie werden Sie lieben und Ihnen Mut machen: »Gib nicht auf! Wir lieben dich so, wie du bist. Wir sind stolz auf dich, so, wie du jetzt bist!« Stimmen Sie in ihren Ruf ein und lernen Sie, sich selbst uneingeschränkt zu lieben und all die dummen Fehler der Vergangenheit zu vergessen. Natürlich haben wir alle das Recht, uns lächerlich zu machen, aber wir sollten dann wenigstens mitlachen. Versuchen Sie also, die Dinge mehr von der heiteren Seite zu sehen, und seien Sie nicht mehr so streng mit sich selbst!

Notieren Sie alle Vorfälle, für die Sie andere gern um Verzeihung bitten möchten, vor allem einzelne Begebenheiten, die verhindern, daß Sie jetzt uneingeschränktes Glück genießen können. Erklären Sie ganz formell, daß Sie sich die aufgezählten Dinge verzeihen. Bitten Sie Ihren Schutzengel um Hilfe bei der Auflösung der Situation, und achten Sie darauf, was geschieht. Wichtig ist dabei nur, daß Sie sich von all dem befreien wollen!

Nachdem Sie die Liste erstellt haben, versuchen Sie herauszufinden, wie witzig und charmant Sie sind. Lieben Sie Ihre Menschlichkeit! Fertigen Sie auch eine Liste an mit Ihren Vorwürfen gegen Menschen, denen Sie bisher nur schwer verzeihen konnten. Geben Sie sie frei! Versuchen Sie, auch in dieser Liste Humorvolles zu entdecken. Bitten Sie dabei aber immer die Engel um Hilfe, die aufgeführten negativen Energien umzuwandeln.

Wenn Sie anderen verzeihen können, kommen Sie dem Zustand des grundlosen Glücklichseins ein ganzes Stück näher. So befreien Sie sich vom Ballast der Vergangenheit und ermöglichen sich eine freiere Zukunft. Dadurch können Sie hier und jetzt ohne all die leidbringenden Gefühle wie Schuld, Ärger und Aggression leben und glücklich werden. Wer bedingungslos verzeiht, läßt das Vergangene hinter sich und heilt die Wunden der Gegenwart. Es ist ein Akt der Liebe. Louis Gittner sagt: »Liebe kann aus Sackgassen eine Autobahn machen.«

Aus dem Buch *Chop Wood, Carry Water* von Rick Field, das der Theravada-Buddhistischen Tradition folgt, stammt die folgende Meditation über liebende Güte:

Hat mich jemand wissentlich oder unwissentlich in Gedanken, Worten und Werken verletzt, will ich ihm gerne verzeihen.

Und auch ich bitte um Vergebung, wenn ich jemanden wissentlich oder unwissentlich in Gedanken, Worten und Werken verletzt oder geschädigt habe.

Möge ich glücklich sein
Möge ich friedvoll sein
Möge ich frei sein

Mögen meine Freunde glücklich sein
Mögen meine Freunde friedvoll sein
Mögen meine Freunde frei sein

Mögen meine Feinde glücklich sein
Mögen meine Feinde friedvoll sein
Mögen meine Feinde frei sein

Mögen alle Wesen glücklich sein
Mögen alle Wesen friedvoll sein
Mögen alle Wesen frei sein

Einfühlungsvermögen und Mitgefühl

Zwischen Einfühlungsvermögen und Mitleid besteht ein feiner Unterschied. Einfühlungsvermögen bedeutet, die Gefühle eines anderen zu verstehen, ohne selbst von ihnen vereinnahmt zu werden. Haben wir aber Mitleid mit jemandem, so identifizieren wir uns mit seinen Schwierigkeiten und leiden mit ihm. Mit Einfühlungsvermögen können wir auch bei dem Leid des anderen noch glücklich bleiben und trotzdem helfen, weil wir den Schmerz verstehen und anerkennen, ohne ihn am eigenen Leib spüren zu müssen. Solange wir unbeschwert bleiben, werden unser Glück und unsere Leichtigkeit anderen helfen, auch wieder froh zu werden.

In dem Wort »Mitleid« steckt die Vorstellung von Erbarmen oder Bedauern. Es hilft niemandem, bedauert zu werden, es kann sogar herablassend wirken. Mitleid kann einen Weg in den Abgrund noch steiler machen. Es ist, wie wenn ein paar Leute mit einem Schlitten den Berg hinunter- und einem Unglück entgegenrodeln und Sie unterwegs mitnehmen wollen. Wenn Sie sich darauf einlassen, werden Sie mit ihnen untergehen. Hingegen helfen Sie, wenn Sie den Schlitten anhalten und die Leute zurückschauen lassen, damit sie die Folgen ihres Tuns erkennen.

Unser Einfühlungsvermögen zeigt dem anderen, daß wir

uns mit ihnen auf gleicher Stufe fühlen. Das stärkt ihre Selbstachtung. Sie stellen sich also nicht über andere, indem Sie sagen: »Laß mich dir helfen«, noch erniedrigen Sie sich und leiden mit ihnen. Sich einzufühlen heißt, den anderen auch mit seinen Mißerfolgen zu akzeptieren. Sie agieren dabei nur als fürsorglicher und vorbehaltloser Zuhörer, und das ist eine schwierige Kunst. Es ist gar nicht so leicht, offenen Herzens zuzuhören und frei von Erwartungen, Projektionen, gefühlsmäßiger Beteiligung und Vorurteilen zu sein. Die Engel werden Ihnen dabei behilflich sein.

Sind Sie einer der Menschen, zu denen andere gerne mit ihren Problemen und Schwierigkeiten kommen? Und reden sie dann gerne über sich, wenn sie zu Ihnen kommen? Wenn ja, betrachten Sie es als großes Kompliment, denn es bedeutet, daß man Ihnen vertraut. Es ist wichtig, zuzuhören, ohne mit eigenen Vorstellungen einzugreifen und das Gehörte zu zerstören. Die Engel können Sie dabei unterstützen, anderen zu helfen.

Bitten Sie zuerst Engel, Sie davor zu bewahren, daß Sie zu emotional auf die Probleme anderer reagieren. Sie müssen in Ihrer eigenen Mitte bleiben, wenn eine Person Ihnen von ihrem Leben und ihren Erfahrungen erzählt. Hören Sie einfach zu, ohne zu denken: »Das ist gut … das ist schlecht … du solltest … er sollte … sie sollte … sie sollte nicht … tu das … tu jenes nicht …« Anders ausgedrückt: Lassen Sie jede Bewegung beiseite. Stellen Sie fest, wie die Situation aussieht, und lassen Sie Ihre eigenen Projektionen so weit als möglich aus dem Spiel. Versuchen Sie sich nicht zu sehr auf das Gehörte einzulassen, gleichgültig, wieviel Ihnen die betreffenden Menschen bedeuten. Geht es um Beziehungen, vermeiden Sie es, Partei zu ergreifen, nicht einmal ansatzweise. Früher oder später ertappen Sie sich dabei, daß Sie sich mit einem der Beteiligten identifizieren und gefühlsmäßig in den Streit verwickelt werden. So verstärken Sie die Probleme des

Menschen, dem Sie eigentlich helfen wollten, und der Konflikt wird noch schlimmer als zuvor.

Folgende Methode erleichtert es Ihnen, richtig zuzuhören, ohne sich innerlich an dem Streit zu beteiligen: Achten Sie auf das, was Ihr Gesprächspartner wirklich sagt, und wiederholen Sie die Schlüsselsätze. Wenn zum Beispiel eine Freundin Ihnen erzählt: »... Ich war unheimlich sauer auf ihn, weil er irgendwo hinging, ohne mich mitzunehmen, obwohl er wußte, daß ich eigentlich mitgehen wollte ...«, dann wiederholen Sie: »Du warst sauer, weil du da hingehen wolltest ... und ... nahm dich nicht mit!« Jetzt weiß sie, daß Sie ihr zuhören, und wird mehr aus sich herausgehen: »Das macht er dauernd. Ich glaube, er will gar nicht mehr mit mir zusammensein.« Und Sie wiederholen: »Du glaubst, ... geht seinen Weg lieber ohne dich!« Sie haben also mehr Information bekommen und wissen jetzt, daß Ihre Freundin Angst hat, zurückgewiesen zu werden. Die Wiederholung der Information bringt das Gespräch auf den Punkt, wo der wirkliche Kern des Problems liegt.

Im richtigen Moment können Sie Ihre Gesprächspartner dann mit den tatsächlichen Ursachen ihrer Probleme konfrontieren. Aber vergessen Sie nicht, daß die Gefühle und Schmerzen des anderen echt sind; es ist dabei völlig egal, ob Sie oder sonst jemand sie nachvollziehen kann. Es geht nicht um Tatsachen, sondern darum, »wie« und »warum« eine Situation dem anderen Schmerz bereitet. Natürlich wird niemand von Ihnen verlangen, sich wie ein professioneller Therapeut zu verhalten. Aber es kann nie schaden, anderen das Gefühl zu vermitteln, daß Sie ihnen zuhören und daß Sie an ihren Problemen Anteil nehmen, ohne in den Schmerz mit hineingezogen zu werden. So beweisen Sie wirkliches Einfühlungsvermögen und vermeiden bloßes Mitleid.

Beobachten Sie einmal, wie oft manche Leute sich selbst beschreiben, wenn sie über die Lebensgewohnheiten ihrer

Mitmenschen reden. Wenn Sie es für nötig halten, können Sie sie liebevoll darauf aufmerksam machen.

Engel haben verschiedene Möglichkeiten, Ihnen zu helfen. Sind Menschen, die Sie mögen, in Schwierigkeiten, bitten Sie Engel, deren Umgebung mit dem weiß-rosa-goldenen Licht heilender Liebe zu erfüllen. Lassen Sie Ihren Schutzengel mit dem des anderen in Verbindung treten, damit Sie Einsicht in die Natur des Problems gewinnen und es mit der bestmöglichen Hilfe lösen können. Bitten Sie um Unterstützung, daß Sie in Ihrer eigenen Mitte bleiben können und sich nicht mit den Problemen anderer identifizieren. Bitten Sie die Schutzengel der anderen darum, daß Ihre Vertrauenswürdigkeit, Unvoreingenommenheit und Ihre Bereitschaft, nicht zu verurteilen, anerkannt werden. Bitten Sie Ihren eigenen Schutzengel um Hilfe, damit Sie das auch wirklich praktizieren können.

Das vorherrschende Ziel sollte dabei sein, daß Sie zu gegebener Zeit Humor mit ins Spiel bringen, so daß sich alles in Lachen auflöst. Das muß allerdings mit sehr viel Feingefühl geschehen, und auch möglichst mit Hilfe der Engel. So etwas können sie besonders gut. Bitten Sie Ihren Schutzengel und den des anderen, die Situation hin und wieder durch ein Lachen zu entspannen. Auf diese Weise können die Ursachen des Problems leichter erkannt werden. Lachen befreit und führt alle Betroffenen wieder zu mehr Kreativität. Sind sich die anderen der Existenz der Engel noch nicht bewußt, können sie durch das Lachen auf ihre Hilfe aufmerksam gemacht werden.

Wenn die Menschen erst einmal neue Einsichten gewinnen und der Erleuchtung näherkommen, werden sie auch empfänglich für Engel. Gibt es Geschichten über Engel, die Sie ihnen erzählen könnten? Machen Sie Ihren Freunden klar, daß sie einen Schutzengel haben, der immer bereit ist, sie zu beschützen und zu einem glücklicheren Dasein zu führen.

Außerdem können Sie ein paar der vorher beschriebenen Methoden mit ihnen zusammen ausprobieren. Schreiben Sie beispielsweise gemeinsam einen Brief an die Schutzengel derjenigen, die Sie verletzt haben, oder erzählen Sie, wie Sie sich selbst gerne positiv verändern wollen. Bitten Sie, daß alle Beteiligten mit Heilung und Licht gesegnet werden.

Später sollten Sie darüber nachdenken, wieviel Sie vom Zuhören lernen können. Achten Sie dabei jedoch sorgfältig auf jedes Anzeichen für innere Spannungen, wenn Sie sich mit anderen Menschen und ihren Problemen beschäftigen. Sie können das Ergebnis Ihrer Nachforschungen in Ihr Engelstagebuch schreiben oder einfach darüber meditieren. Achten Sie darauf, daß Sie die Informationen, die Sie bekommen, irgendwie verarbeiten und sich immer wieder bewußt machen, daß Sie Ihre eigene Mitte schützen und froh bleiben können, auch wenn andere traurig sind. Indem Sie zwischen Einfühlungsvermögen und Mitgefühl unterscheiden, können Sie helfen, weil Sie unvoreingenommen zuhören, und die Engel werden Sie dabei unterstützen.

Lieben Sie Ihr Leben!

Wenn Sie sich selbst nicht allzu ernst nehmen und leichten Herzens durchs Leben gehen, wirkt sich das auf alle Bereiche Ihres Daseins aus. Wer das kann, wird niemals absichtlich andere angreifen oder verletzen. Wir sollten also ein bißchen genauer untersuchen, was es heißt, uns selbst leicht und die Dinge um uns herum nicht ernst zu nehmen.

Warum wünschen sich Engel, daß wir uns nicht so ernst nehmen und ihnen somit ähnlicher werden? Hauptsächlich deshalb, weil es ein Zeichen von Vertrauen ist. Wir Menschen sind Tag für Tag mit grundsätzlichen Überlebensfragen konfrontiert. Wir brauchen Wasser zum Trinken, Nahrung zum Essen und Unterkunft und Sicherheit zu unserem Schutz. Das wiederum bringt eine Menge Streß und Sorgen mit sich, denn schließlich wollen wir genug zum Leben haben, und für Freizeit und Vergnügen soll trotzdem noch genügend Raum da sein. Aus der Sicht der Engel blieben uns all diese Sorgen erspart, wenn wir nur auf sie und die Gesetze des überreichen Universums vertrauen würden. Ihrer Meinung nach müßten wir diese ganzen Lebensnotwendigkeiten gar nicht so ernst nehmen, sondern sollten viel mehr Spaß am Leben haben und unsere Arbeit zum Spiel werden lassen.

Engel gewähren uns Schutz durch einen persönlichen Schutzengel, der uns immer begleitet. Dieser sendet uns Botschaften durch unser Höheres Selbst, die auch Nahrung und Unterkunft betreffen, indem sie uns die beste Karriere und die besten Möglichkeiten finden lassen – natürlich nur, wenn wir es auch wollen. Also sollten Sie oder Ihr Höheres Selbst auch darum bitten. Das einzige, was Engel nicht für uns tun können, ist, für uns zu leben. Sie helfen uns jedoch, die alltäglichen Lebensnotwendigkeiten zu meistern, so daß wir leichter und kreativer werden und dadurch auch mehr Spaß am Leben haben.

Wenn wir zu viele Dinge wichtig nehmen, entstehen daraus Pessimismus und Steifheit, und das uns umgebende Gravitätsfeld wird immer schwerer. Davor wollen uns Engel bewahren. Das heißt natürlich nicht, daß Sie sich nicht mehr um Ihre Kinder kümmern müssen, wenn sie sich verletzt haben, oder daß Sie Leute zurückweisen sollen, die Sie um Hilfe bitten.

Wenn die Menschen, die wir lieben, gekränkt, verletzt oder in Schwierigkeiten sind, können wir trotzdem leichten Herzens bleiben und ihnen helfen, indem wir ihnen zeigen, daß sie uns wichtig sind. Wir brauchen unsere Fröhlichkeit und unseren Optimismus auch dann nicht aufzugeben, wenn wir über ein ernstes Thema sprechen. Die Engel werden Ihnen helfen, den Grad an Unbeschwertheit zu finden, bei dem sich niemand durch Ihr Verhalten angegriffen oder verletzt fühlt (außer, er will gerade von Ihnen verletzt werden). Es ist jedoch nicht Sorglosigkeit, sondern liebende Unbeschwertheit, die die Engel bei uns sehen wollen. Werden Sie also sorgen-frei, nicht jedoch sorg-los!

Möglicherweise reagiert jemand gekränkt, wenn Sie seine Probleme leichtnehmen, gerade wenn der Betreffende bedrückt ist. Wir sollten also den Grad unserer Unbeschwertheit der Situation unseres Gegenübers anpassen. Waren Sie schon einmal mit einem ausgesprochen fröhlichen Menschen zusammen, während Sie gerade schlechte Laune hatten? Mit einem fröhlichen, lustigen Menschen zusammenzusein, wenn wir gerade so richtig depressiv sind, das kann uns ganz schön ärgerlich machen.

Wenn Sie Ihren Freunden in einer schwierigen Situation wirklich gerecht werden wollen, sollten Sie darauf bedacht sein, Ihre Unbeschwertheit und Leichtigkeit vorsichtig abzuwägen. Hören Sie ganz vorbehaltlos zu, und warten Sie auf den richtigen Moment – vielleicht einen Fingerzeig, ein Stichwort des anderen –, bevor Sie ihn aufzuheitern versuchen. So findet er von sich aus einen Ausweg aus seiner Situation und kann in Ihre Fröhlichkeit einstimmen. Aufdrängen sollten Sie Ihre Unbeschwertheit niemandem!

Durch Lachen wird jede Situation leichter. (Damit ist natürlich nicht »auslachen« gemeint.) Es wirkt äußerst befreiend, wenn Sie es schaffen, andere in einer ernsten Situation zum Schmunzeln zu bringen. Brauchen Sie einen Anlaß zum Lachen, rufen Sie die Spaßtransformatoren zu Hilfe. Nach meiner Erfahrung brauchen Menschen in einer Krise irgendwann ein befreiendes Lachen, und meistens geschieht es wie von selbst. Sogar bei Beerdigungen kann Lachen Erleichterung bringen. Das hat nichts mit Respektlosigkeit dem Verstorbenen gegenüber zu tun, im Gegenteil, es ist vielmehr ein Zeichen, daß er geliebt und verehrt wurde.

Jeder, der unbeschwerten Herzens durchs Leben geht, wünscht, daß diese Einstellung sich positiv auswirkt. Allerdings ist es unklug, Vorträge zu halten oder zu predigen. Es gibt nichts Schlimmeres, als anderen, die depressiv oder vollkommen durcheinander sind, sein eigenes Credo aufdrängen zu wollen. Unsere Sicht der Dinge zu übernehmen würde ihnen überhaupt nichts nützen. Ganz besonders übel ist es, wenn wir mit einer gewissen Selbstherrlichkeit unser persönliches Glück und unseren Erfolg allein unserem Glauben zuschreiben oder irgendwelchen geheimen Anweisungen, die wir praktizieren. Es gibt »Glaubensabhängige«, die meistens jedoch nicht in der Lage sind, ihren Erfolg zu erklären – das heißt, sie sind abergläubisch. Sie können leicht erreichen, daß es anderen schlechtgeht, oft sogar noch schlechter als zuvor, indem Sie ihnen sagen, sie hätten ihre Probleme selbst verschuldet, weil sie nicht das gleiche glauben wie Sie. Sehen Sie: Jetzt habe ich Ihnen eine Predigt gehalten! Und, wie fühlen Sie sich? Es ist ganz schön schwer, ohne Fehler zu sein, nicht wahr? Dann können wir also genausogut das Ganze von der lustigen Seite sehen, gemeinsam lachen und auch die Sache mit dem Glauben nicht so ernst nehmen!

Engel und der Weg der Erleuchtung

Da alles nur Erscheinung ist
und vollkommen, so wie es ist,
jenseits von Gut und Böse,
Anerkennung oder Ablehnung,
kann man gut darüber lachen.

LONG-CHEN-PA

Erleuchtung ist ein Zustand des Seins im Licht. Etwas erleuchten heißt, geistiges (intellektuelles) Wissen zu vermitteln – Licht auf etwas Wesentliches zu werfen. Erleuchtet zu sein, heißt, frei zu sein von Vorurteilen und von Unwissenheit und das geistige Wissen zu besitzen, das die Dinge erhellt. Wir können also sagen, daß Erleuchtung ein Seinszustand im vollkommenen Licht, in der absoluten geistigen Erfüllung ist, wo der Zwang zu beurteilen und zu vergleichen wegfällt. Das Gegenteil von Erleuchtung ist ein Zustand geistiger Verdunklung.

Für die meisten Heilsuchenden ist es das Ziel des irdischen Lebens, Erleuchtung zu erlangen. Wenn wir erleuchtet werden, erfahren wir die Antworten auf die Fragen der Ontologie (der metaphysischen Kategorie, die fragt »Worum geht es eigentlich?«) und der Theologie (»Warum sind wir hier?«). Letzten Endes läuft es auf die Frage hinaus: Wer führt bei diesem großen Film Regie? Bin ich wirklich eine Hauptfigur, oder bin ich nur ein Statist?

Engel befinden sich ständig in einem Zustand des Lichts. Sie strahlen Leuchtkraft und Leichtigkeit aus und sind bereit, uns bei jeder sich bietenden Gelegenheit spirituell zu erwecken. Zu ihren Botschaften gehört, daß wir aufhören sollen zu vergleichen, zu urteilen und übertrieben auf die »ernsten« Dinge des Alltags zu reagieren. Ihrem Wesen nach verkörpern Engel die Erleuchtung, und sie leben in der Nähe des Schöpfers des Universums, nämlich im Himmel.

Für alle, die Erleuchtung suchen, sind Engel die idealen Lehrer. Die Schwierigkeit besteht darin, daß für Engel die Erfahrungen des menschlichen Lebens lächerlich und absurd sind – und daß sie von uns viel zu ernst genommen werden. Nach Vorstellung der Engel sind wir erleuchtet, wenn wir das wirklich begriffen haben. Doch welchen Sinn kann es denn haben, einen Zustand anzustreben, in dem wir nichts ernst nehmen? Nun, ein Grund ist, daß wir in ein herrliches Lachen einstimmen können, wenn wir mit dem göttlichen Humor, der das Universum erfüllt, eins werden.

In der Regel stoßen wir auf dem Weg zur Erleuchtung auf Hindernisse, weil wir vergessen, unseren Humor anzuwenden. Auf allen Etappen des Weges zur Erleuchtung ist Humor unabdingbar. Engel geben uns Hilfestellung, indem sie für Geistesblitze sorgen. Sie lehren uns, wie uns Erleuchtung von der Ernsthaftigkeit des Lebens befreit. Wir sind dann nicht mehr nur mit dem Kampf ums Überleben beschäftigt, sondern verlieren auch unsere emotional-befangene Sichtweise. Diese Fußangeln existieren vor allem in unserem Denken. Damit wir in die Glückseligkeit ihrer Gefilde gelangen, wollen uns Engel davon befreien. Wenn wir wirklich ganz und gar in Verbindung mit den Engeln treten (solange wir den Zustand dauerhafter Erleuchtung noch nicht erreicht haben, werden das immer nur kurze Ausblicke sein), erleben wir ein unbeschreibliches Hochgefühl der Freude und Glückseligkeit. In diesem Augenblick sind wir absolut frei. Die Botschaft der Engel lautet: Laß los, ruh dich in der Liebe Gottes aus, und werde eins mit dem göttlichen Humor des Universums. Je mehr wir uns einem Zustand göttlichen Humors annähern, um so glücklicher werden wir. Mit jedem Schritt, den wir auf den Humor der Erleuchtung hin machen, begreifen wir die elementare Frage des Lebens besser.

Erleuchtung ist der Zustand, in dem wir völlig mit dem Höheren Selbst verschmelzen, das zu jeder Zeit mit den Engeln im himmlischen Bereich in Verbindung steht. Stellen Sie sich das vor – immer wenn Sie wollen, können Sie sich mit den Engeln amüsieren!

Die Erleuchtung ist ein Spaß, und das Leben *ist* absurd. Wir Menschen lieben Herausforderungen und Spiele. Immer wenn wir ein menschliches Problem lösen, das der Erleuchtung im Wege steht, taucht ein neues auf. Sie erreichen beispielsweise endlich den Punkt, an dem Sie sich nicht mehr von dem Leid und den Schmerzen anderer beeinflussen lassen. Sie sind sorgenfrei und meinen, daß Ihnen das Universum offensteht und daß Sie überall in absoluter Freiheit überleben können. Dann lassen Sie ein Kind in Ihr Leben treten, und alles ändert sich wieder. Jetzt tauchen völlig neue Gefühle und Instinkte auf, die Sie in Ihr Leben integrieren müssen – und gleichzeitig auch eine neue Fähigkeit zu lieben.

Anscheinend nehmen die Lektionen, die wir auf dieser Welt lernen müssen, nie ein Ende. Aber gerade das macht das Leben spannend und bedeutungsvoll. Selbst wenn wir erleuchtet sind, müssen wir weiterleben. Je näher wir der Erleuchtung kommen, desto mehr spielt das Himmlische in die eigene Lebenssituation hinein. Es lohnt sich also, nach Erleuchtung zu streben. Engel werden uns dabei helfen. Mit liebevollem Humor können wir alles leichter nehmen und besser verstehen. Das meiste, was wir auf Erden lernen müssen, steigert unsere Fähigkeit zu lieben. Liebe ist nichts Schwerfälliges, Liebe ist unbeschwert, sie ist das höchste Engelsideal.

Humor macht strikte und steife spirituelle Praktiken überflüssig, denn ein Tag voller Lachen bringt uns Gott näher als ein Tag voll verkrampfter Selbsterforschung. Das kommt daher, daß uns das Lachen näher zu unserem wirklichen Ich führt – dem liebenswerten Ich, dem glücklichen und freien

Ich, dem Ich, mit dem andere gerne zusammen sind. Lachen setzt unsere Kreativität frei, so daß sich der Prozeß der Selbsterforschung eher auf natürliche als auf erzwungene Weise entfalten kann. Einen Fluß braucht man nicht anzutreiben. Bauen Sie sich ein Floß, springen Sie darauf, und lachen Sie über die Flußwindungen und Stromschnellen auf dem Weg!

Begegnungen mit Engeln

Gastfrei zu sein, vergesset nicht;
denn dadurch haben etliche
ohne ihr Wissen Engel beherbergt.

Hebräer 13,2

Es kann heutzutage gefährlich sein, sich mit »Fremden« abzugeben. Die meisten von uns haben allerdings ein intuitives Gefühl für Gefahr entwickelt. Wenn wir sicher wissen, daß wir beschützt werden, kann es Spaß machen und sogar befreiend sein, sich Fremden gegenüber freundlich und hilfsbereit zu zeigen. Das soll aber keine Aufforderung zu unbedachtem Handeln sein. Hüten Sie sich davor, in einem Anfall von Nächstenliebe eine erfrorene Schlange aufzutauen und sich dann beißen zu lassen. Aber in einem sicheren Rahmen kann uns Freundlichkeit viel einbringen.

Eines Tages stand ich mit meinem Auto an einer Ampel, als ich im Rückspiegel ein seltsames menschliches Wesen auf einem Fahrrad sah. Meine erste Reaktion war, den Mann zu ignorieren. Er war um die Fünfzig und gekleidet wie ein kleines Kind, das Cowboy spielt. Er fuhr bis zur Ampel vor und befand sich jetzt direkt neben dem offenen Beifahrerfenster meines Wagens. Ich lächelte ihn an. Strahlend erwiderte er mein Lächeln und sagte: »Schöne Grüße vom Herrn!« Ich war durch diese Worte etwas verblüfft und fragte: »Wie bitte?« – »Schöne Grüße vom Herrn«, wiederholte er. Ich bedankte mich und lächelte ihn weiter an. Und als die Ampel umschaltete – ich schwöre es –, löste er sich einfach in Luft auf! Das Gefühl, das ich bei dieser Begegnung hatte, kann ich kaum beschreiben. Ich fühlte mich so ungeheuer glücklich und froh, daß ich fast nicht weiterfahren konnte.

Wenn wir uns der Engel bewußt sind, ist das fast, als gehörten wir einer geheimen Gesellschaft an, wo keiner weiß, wann, wo und wie ein anderes Mitglied auftauchen wird. Seien Sie daher vorsichtig, wenn Sie sich einem Fremden gegenüber grob und unfreundlich benehmen – er oder sie könnte ein Engel sein! Engel erscheinen oft an ganz verschiedenen Orten, um unsere Reaktion zu prüfen. Normalerweise treten sie dort auf, wo wir sie am wenigsten vermuten würden: an Tankstellen, in Bars, auf Flughäfen, in Kinos und an der Straßenecke. Die Prüfung selbst ist nicht so sehr von Bedeutung, wenn wir durchfallen, müssen wir uns keine Sorgen machen. Engel prüfen uns nur, um uns Liebe und Respekt gegenüber allen Menschen zu lehren. Außerdem wollen sie Glück und Lebensfreude in uns wecken.

Es kann sein, daß uns Engel vor einem bevorstehenden Test Zeichen oder Hinweise geben. Nach folgenden Dingen sollten Sie Ausschau halten: Die Gegenwart der Engel bringt ein ganz deutliches Gefühl von Leichtigkeit mit sich; eine Art Strahlen leuchtet aus ihren Augen oder ist auf ihrem Gesicht zu sehen wie ein riesiges Lächeln; sie tauschen wissende Blicke aus, als ob sie Sie schon lange kennen würden; ein Gefühl von Zeitlosigkeit stellt sich ein, als ob Sie plötzlich in einem Film oder in einer anderen Wirklichkeit wären. Ganz charakteristisch ist das fröhliche Lachen, das wie Glocken klingt und unglaublich ansteckend ist. Und außerdem vermitteln sie uns das Gefühl, daß all die weltlichen Dinge, die uns umgeben, zum Lachen sind, und sie hinterlassen einen intensiven süßen, jasminähnlichen Duft.

Ich möchte wetten, daß viele von Ihnen, ohne es zu ahnen, bereits Engel getroffen haben. Überlegen Sie einmal, ob Sie nicht schon Erfahrungen gemacht haben, die Ihnen unerklärlich, unlogisch, mysteriös oder zu dem betreffenden Zeitpunkt völlig unmöglich erschienen. Vergleichen Sie dann, ob diese Begebenheiten den Beispielen ähneln, die vorher beschrieben wurden. Wenn ja, freuen Sie sich nachträglich darüber, und machen Sie sich darauf gefaßt, daß noch mehr solche Dinge passieren werden. Üben Sie für die Zukunft. Viele sind gerufen, aber nur wenige sind auserwählt, von den Engeln geprüft zu werden. Seien Sie also darauf vorbereitet!

Schönheit und Gesundheit durch himmlische Hilfe

Danken Sie Ihrem Schutzengel jeden Abend und jeden Morgen für den Frieden, für die Erneuerung jeder Zelle Ihres Körpers und für die Freude, die er Ihnen schenkt.

DORIE D'ANGELO

Was Gesundheit und Schönheit am meisten zerstören, sind Kummer und Schwermut. Schönheit und Schwermut stehen zueinander in einem umgekehrt proportionalen Verhältnis. Das heißt, in dem Maß, wie Bedrücktheit zunimmt, verblaßt die Schönheit. Außerdem scheinen gestreßte Leute früher zu altern als andere. Lösen wir uns hingegen von Streß und geistiger Schwere und gönnen uns statt dessen spirituelle Befreiung, Leichtigkeit und Harmonie, können wir diesen Prozeß wieder rückgängig machen.

Manchen Leuten steht der Streß ins Gesicht geschrieben, bei anderen wieder kann man ihn am Körper oder an der Stimme erkennen. Ich bezeichne einige meiner Bekannten als »Formveränderer«. Ihre Form (also ihr Körper) verändert sich mit den äußeren Lebensumständen. An manchen Tagen sprühen sie geradezu vor Leben, an anderen wirken sie gleich um Jahre gealtert – eingesunken und abgespannt.

Engel können uns helfen, unsere drückenden Probleme zu lindern, indem sie uns zeigen, wie unnötig unsere Sorgen sind, und uns kreative Lösungen dazu finden lassen. Dabei können auf die eine oder andere Weise alle in Teil drei beschriebenen Methoden hilfreich sein.

Diejenigen, die den Kampf ums Überleben nicht mehr so wichtig nehmen und statt dessen glücklich im Hier und Jetzt leben, werden von Natur aus schön und strahlend. Es ist allgemein bekannt, daß Nonnen oft viel jünger aussehen, als sie sind. Das kommt daher, daß sie weltliche Angelegenheiten wie Sorgen um Besitz, Nahrung, Gesetze und gefühlsmäßige Beziehungen für ein Leben im Gebet und im Dienst am Nächsten aufgegeben haben. Das spiegelt sich in ihrem Gesicht wider.

Für die meisten von uns ist natürlich ein Leben im Gebet und in der ständigen spirituellen Übung nicht durchführbar, aber es gibt andere Wege, Spiritualität und Schönheit so in unser Alltagsleben einzubeziehen, daß auch wir strahlend schön werden. So gibt es zum Beispiel Meditation, die Sie jung erhält und die den negativen Auswirkungen von Streß entgegenwirkt. Schon zwanzig Minuten Meditation am Tag können den Streß, der sich normalerweise im Gesicht und am ganzen Körper abzeichnet, abbauen.

Es kann auch hilfreich sein, eine Entspannungskassette anzuhören. Stellen Sie sich dabei wunderschöne Engel vor, die ihre Schönheit in Ihre Seele strömen lassen. Betrachten Sie auch Ihr Spiegelbild als jung und schön. Sind Sie mit Ihren

Formen nicht zufrieden, verändern Sie sie einfach in Ihrer Vorstellung. Malen Sie sich aus, wie sich das Gesicht des allerschönsten Engels über Ihr Spiegelbild legt. Ein anderer Weg, die drückende Last der Sorgen zu verringern, sind körperliche Übungen. Selbst dabei können Ihnen die Engel helfen. Sie können das bei jeder körperlichen Tätigkeit ausprobieren: Lassen Sie sich von den Engeln anspornen, wenn Sie gerne tanzen, und werden Sie eins mit der Musik!

Auch bei einer Diät können Ihnen die Engel behilflich sein. Vielleicht kommen Ihnen jetzt Zweifel, aber ich kenne jemanden, der es den Engeln zuschreibt, daß er sein Gewicht verlor und seitdem nicht mehr zugenommen hat. Ich gebe zu, daß über diesen Punkt keine wissenschaftlichen Untersuchungen angestellt worden sind, aber diese Person ist nicht die einzige, bei der diese Methode wirksam war. Das Ganze funktioniert, glaube ich, aus zwei Gründen: Die Engel wissen immer ganz genau, wann Sie für das Gelingen einer Aufgabe bereit sind und auch daran festhalten werden. Sie werden Sie unterstützen, indem sie Sie von zu reichlichem Essen abhalten und Ihre Eßgewohnheiten verändern. Zum zweiten helfen sie Ihnen, der Ursache Ihrer Eßgewohnheiten auf den Grund zu kommen, das heißt herauszufinden, wofür sie eine Ersatzbefriedigung darstellen. Liegt es an mangelnder Liebe, werden die Engel Sie auf den richtigen Weg führen, damit Sie das finden, was Sie suchen. So bauen Sie die Blockierungen und Ängste aus der Vergangenheit ab.

In allen Bereichen des Lebens heben die Engel das Feld der Schwerkraft um Sie herum zum Teil auf. So können Sie Ihre wahre natürliche Schönheit entfalten und gesund bleiben.

Der kosmische Narr – ein Archetyp des Bösen

In der Legende heißt es, daß der Vater des Bösen einst Gottes rechte Hand war. Er war der Anführer der Engel, der wunderschöne und von allen geliebte Erzengel Luzifer. Sein Name bedeutet »Lichtträger«, und Luzifer sollte die Menschen eigentlich unterweisen. Gott brauchte einen Freiwilligen, der auf die Erde ging, um die Menschheit durch Prüfungen und Versuchungen zur Erleuchtung zu bringen. Daraufhin meldete sich Luzifer. Aber die Prüfungen, die er den Menschen auferlegte, begannen ihm zu gefallen, und schließlich arbeitete er nicht mehr für Gott, sondern nur noch zur Befriedigung seines eigenen Stolzes. Dadurch entfernte er sich von Gott, und dieser verbannte ihn schließlich aus dem Himmel. So schuf Luzifer die Hölle.

Allmählich wurde Luzifer als »der Betrüger« bekannt, eine von Gott unabhängige Macht, deren Ziel es ist, die Menschheit zu zerstören. Weiter heißt es in der Legende, daß Luzifer andere Engel aus dem Himmel mit sich nahm, die sogenannten »gefallenen Engel« oder »kosmischen Narren«. Manchen ist Luzifer besser bekannt als »Satan«. »Satan« ist hebräisch und bedeutet »Widersacher« – und Satan ist eben ein Widersacher gegen die Liebe Gottes. Für ihn ist Liebe etwas Fremdes, das bekämpft werden muß.

Der Streit darüber, was gut und was böse ist, berührt uns alle auf verschiedene Art. Ich habe viele Bücher gelesen, in denen behauptet wird, daß das Böse lediglich in unserem Denken existiert und nur dann in Erscheinung tritt, wenn wir es zulassen – ohne jede eigene Lebenskraft. Früher glaubte ich auch, daß es auf unserem Planeten keine wirklichen Opfer gäbe, aber jetzt denke ich, wir müssen unsere Sprache erweitern, um die vielen verschiedenen Typen von Opfern, die es tatsächlich gibt, benennen zu können. Der Grund, weshalb sie zu Opfern wurden, liegt in einer Kraft, die böse ist. Dabei ist es ohne Bedeutung, ob wir die Kraft selbst erschaffen haben oder nicht, denn sie ist ebenso real wie ihre Opfer.

Es ist schwierig, dem Kampf zwischen Gut und Böse keine Beachtung zu schenken. Dieser Kampf der Dunkelheit gegen das Licht findet ständig um uns herum statt. Wenn er aber *in* uns weitergeht und unser eigenes Wesen spaltet, werden wir schwach, zerrissen und verlieren das innere Gleichgewicht.

Die Angst, bestraft zu werden, wenn wir nicht »brav« sind, kann selbst diejenigen verfolgen, die ihr Möglichstes tun, gut zu sein. Aber wer ist für die Bestrafung zuständig? Gott straft nicht. Er gab uns den freien Willen, und er kann selbst dann nicht bestrafen, wenn wir seine Hilfe ablehnen. Allerdings kann er nicht verhindern, daß wir uns selbst und andere bestrafen. Der freie Wille bedeutet, daß Gott nicht einmal dann eingreift, wenn das Böse selbst uns verfolgt. Er bietet uns nur seine bedingungslose Liebe an, und diese Liebe kann, wann immer wir sie brauchen, unsere Zuflucht sein. Der Haken bei der Sache ist, daß wir *ihn* um seine Liebe bitten und uns dafür öffnen müssen.

Die Erscheinung des kosmischen Narren

Kosmische Narren sind gefallene Engel oder – wenn Sie wollen – Dämonen. Sie helfen uns, uns selbst zu quälen, wenn wir meinen, daß wir etwas falsch gemacht haben. Das tun sie nicht offensichtlich, sondern sie erreichen uns, indem sie unsere menschlichen Schwächen und unseren Stolz ansprechen. Kosmische Narren haben keine besonders engelhaften Eigenschaften, sie existieren nur, um uns zu prüfen und zu strafen. Sie bringen die Folgen unserer negativen Vorstellungen ans Tageslicht und spielen mit unseren selbstsüchtigen Phantasien. Sie wollen uns reinlegen und machen sich über uns lustig. Außerdem haben sie keine Ahnung von der Liebe. Wenn wir einmal einem kosmischen Witz zum Opfer gefallen sind, ist es also das beste, uns mehr zu lieben und anzuerkennen, wie wir sind.

Kosmische Narren sind kleine Halunken. Durch ihre Späße zeigen sie uns, wie wir über uns selbst lachen können. Es kann schon sein, daß wir einige dicke Brocken schlucken müssen, bis wir herausfinden, wie komisch wir eigentlich sind. Wenn wir zu ernst und zu ängstlich sind und an Zwangsvorstellungen, Vorurteilen und Haß leiden, geben wir den kosmischen Narren die beste Gelegenheit, uns etwas beizubringen. Ihre hinterlistigen Lehren kommen besonders dann gut an, wenn wir zu lange in einem dumpfen oder veränderten Geisteszustand herumtapsen – vielleicht nachdem wir irgendwelche Drogen zu uns genommen oder zu wenig geschlafen haben. Weil wir von Ängsten und Abneigungen geschwächt sind, ist der Weg frei für die kosmischen Narren. Allerdings können ihre Lektionen auch positive Auswirkungen haben, wenn wir dadurch wieder bewußter und aufmerksamer werden. Doch es liegt an uns, ob wir an der Lektion etwas Gutes finden können. Wie Luzifers gefallene Engel können die kosmischen Narren ganz schön unbarmherzig sein.

Sie dürfen nicht vergessen, daß wir alle unsere täglichen Kämpfe auszufechten haben. Wenn wir uns dadurch verwirren lassen, kann das negative Folgen haben. Deshalb ist es wichtig, daß wir uns der Fallen bewußt werden, denn dann können wir wählen, ob wir hineintappen wollen oder nicht. Einige Fallen der kosmischen Narren will ich hier beschreiben:

Es kann passieren, daß wir uns in große Ängste verstricken, die uns verfolgen und zum Aberglauben treiben. Dann können die kosmischen Narren diese Gefühle ausnutzen. Ängste kommen in vielerlei Gestalt und Ausprägung vor und haben ganz verschiedene Ursachen. Sie sind mächtige negative Kräfte, die unsere spirituelle Energie aufsaugen können. Wenn wir Energie in sie investieren, werden sie nur noch schlimmer. Die Ängste der einzelnen Menschen unterscheiden sich grundlegend voneinander. Für alle jedoch ist es schwer vorstellbar, wie es sein kann, daß sie sich so tief in unsere Seelen eingraben. Wenn Sie von einer Angst gequält werden, stellen Sie sich ihr und untersuchen Sie sie. Sagen Sie ihr klipp und klar, daß sie zum Teufel gehen soll. Wenn wir unsere Ängste durch Aberglauben noch verstärken, bleibt den kosmischen Narren nichts anderes übrig, als damit ihre Späße zu treiben. Kommen Sie aber zu dem Punkt, wo Sie über Ihre Ängste lachen können, haben die Narren nicht mehr die Kraft, die eigentlich friedvollen Augenblicke zu zerstören.

Außerdem ist es eine Falle, wenn wir uns selbst zu ernst nehmen. Damit werden wir Zielscheibe vieler kosmischer Witze. Ernsthaftigkeit bedeutet, sich ständig Sorgen zu machen. Eine gute Komödie erkennt man daran, daß darin die Ernsthaftigkeit aufs Korn genommen wird. Ernsthaftigkeit heißt auch, daß wir glauben, wir hätten immer recht – und dadurch machen wir uns oft lächerlich.

Besonderen Spaß macht es den kosmischen Narren, mit den Fallen zu spielen, die aus Vorurteilen und Erwartungen entstehen. Diese Vorurteile können sich auf ethnische Gruppen, Religionen, Besitz, Geschlecht oder auf Dinge beziehen, deren wir uns noch gar nicht bewußt sind. Egal, um was es geht, Vorurteile sind immer ein gefundenes Fressen für die kosmischen Narren. Sie werden dafür sorgen, daß Sie oder eines Ihrer Kinder jemanden von genau der ethnischen Gruppe heiraten, gegen die Sie immer schon Vorurteile hatten. Vielleicht haben Sie aber auch ein dramatisches Erlebnis mit jemandem, dessen Religion Sie nicht akzeptieren, indem er Sie oder Ihr Kind aus einer Gefahr rettet. Was Sie aus dieser Lektion lernen zu können, ist ganz einfach: Verurteilen Sie nicht! Jede Begebenheit mit einem Menschen ist einzigartig, erleben Sie sie so, wie sie ist; erwarten Sie das Unerwartete oder gar nichts mehr: So gewinnen Sie alles!

Sie fordern Schwierigkeiten geradezu heraus, wenn Sie von einer Idee besessen sind, das heißt, wenn Ihre Gedanken ständig um irgendeinen Wunsch oder eine Befürchtung kreisen. Die Wichtigkeit, die Sie diesen Dingen beimessen, verzerrt deren tatsächliche Bedeutung. Es kann auch passieren, daß Sie den ganzen Tag irgendwelche Gedanken im Kopf wälzen. Diese Art von Besessenheit stört in jedem Fall Ihren Frieden, und die kosmischen Narren verschlimmern den Zustand nur noch, indem Sie Ihnen verwirrende Zeichen und Hinweise geben. Es kann so schlimm werden, daß wir professionelle Hilfe brauchen. Im allgemeinen können wir allein von zwanghaften Grübeleien loskommen, wir müssen nur etwas Sinn für Humor aufbringen. Konzentrieren Sie sich wieder auf die einfachen Dinge des Lebens, wenn Sie einmal mehr in die Besessenheitsfalle geraten sind. Lassen Sie los! Wen interessiert es schon, ob Ihr Haus verschlossen ist oder nicht? Schicken Sie einfach ein paar Engel hin, um darauf aufzupassen, und machen Sie sich keine Sorgen mehr. Geben Sie den Menschen, mit dem Sie sich viel beschäftigen, frei. Sie werden es schon merken, wenn er zu Ihnen zurückkommt.

In ihrem Spiel mit Menschen, die von irgend etwas außerhalb ihrer selbst beeinflußt sind, sind die kosmischen Narren sehr erfinderisch. Das gilt sowohl für Personen, die unter dem Einfluß von chemischen Substanzen stehen, als auch für die, die unter Gefühls- und Schlafentzug oder falscher Ernährung leiden. Mit dem Versuch, unser Bewußtsein zu verändern, betreten wir manchmal das Hoheitsgebiet der kosmischen Narren. Dann werden sie zu einem Filmteam, in dessen Film Sie die Hauptrolle spielen – und das nicht unbedingt zu Ihrem Vergnügen. Vielleicht finden Sie sich plötzlich in einem Science-fiction-Szenarium wieder und treffen lauter Außerirdische, oder aber Sie geraten in einen Horrorfilm mit Dämonen und schrecklichen Ungeheuern. Oder Sie spielen den Herrscher über Zeit und Raum oder den Mystiker mit dem kosmischen Bewußtsein, der mit der ganzen Schöpfung eins ist. Diese Filme wirken alle sehr real, aber schauen Sie sich doch einmal den Regisseur und den Produzenten genauer an! Es sind die kosmischen Narren, und sie zwingen Sie, Ihre Phantasien und Ängste voll durchzuspielen, bis sie Ihnen real vorkommen. Früher oder später wird Ihnen die Rolle des Schauspielers in diesen Gruselfilmen allerdings zum Hals raushängen, und Sie wünschen sich nichts sehnlicher, als in die Wirklichkeit zurückkehren zu können. Sie stellen fest, daß Sie jetzt von all diesen Außerirdischen und finsteren Charakteren genug gelernt haben. Willkommen daheim! Es war alles nur ein Scherz: Sie sind gar kein Herrscher über Zeit und Raum, kein Opfer von Außerirdischen und Ungeheuern – nur einfach Sie selbst. Alles ist in Ordnung: Jetzt sind Sie wieder Regisseur Ihres eigenen Films, und Ihr Höheres Selbst ist der Produzent. In aller Ruhe können Sie jetzt Geschichten aus verschiedenen Welten erzählen und die Bilder in Ihrem Kopf umsetzen.

Anhaltspunkte für das Leben auf Erden

Die Wahrheit ist ein pfadloses Land. Man braucht sie nicht durch irgendeine okkulte Hierarchie, einen Guru oder eine Lehre zu suchen ... Entscheidend ist, daß Sie Ihren Geist von Neid, Haß und Gewalt befreien: Und dafür brauchen Sie keine Organisation.

JIDDU KRISHNAMURTI

Immer wieder habe ich betont, daß wir das Leben nicht so ernst nehmen, sondern spielerischer damit umgehen sollten, und daß wir mit etwas Übung lernen können, unbeschwert zu leben. Das ist allerdings leichter gesagt als getan. Es erfordert Übung und Anstrengung, die Struktur unseres Denkens zu ändern. Wenn wir uns dem Zustand der Erleuchtung nähern wollen, müssen wir bereit sein, zu wachsen und unsere spirituelle Arbeit zu tun. Engel können uns dabei führen und leiten, aber sie nehmen uns nichts ab und greifen auch nicht in Aufgaben ein, die wir selbst bewältigen müssen. Manchmal machen diese Aufgaben keinen Spaß und sind unbequem, das aber bedeutet nur, daß wir uns verändern und uns zu einem Höheren Selbst und höchstem Glück entwickeln.

Veränderungen können oft schmerzlich sein und unser Leben auf den Kopf stellen. Das Durcheinander und das Leid, die Veränderungen mit sich bringen, sind nichts anderes als Wachstumsschmerzen, und wir können die Probleme entweder durchleiden oder durch das Leid wachsen. Wenn wir unsere Denkweise ändern wollen, um im Leben glücklicher und wacher zu werden, müssen wir unter Umständen unsere Denkweise ändern und Vergangenes wiederaufleben lassen. Dann gilt es, altes Leid, das wir als Kinder oder Jugendliche erlitten und nicht vergessen haben, noch einmal zu durchleiden und dann aufzugeben. Doch nun können wir dadurch wachsen. Damit wir uns selbst weniger kritisch und negativ gegenüberstehen, müssen wir uns vom Stolz lösen und unser Leben mit liebevollem Blick betrachten.

Menschen, die keine Angst vor Wachstumsschmerzen haben und sich nicht scheuen, ihre seelische Last einer höheren Macht zu übergeben, sind am ehesten dafür aufgeschlossen, sich von Engeln helfen zu lassen, so daß sie tatsächlich den Himmel auf Erden erleben. Wir können selbst dann lachen, wenn wir Schmerzen haben. Das ist nicht leicht, doch wenn Sie regelmäßig üben, dann können auch Sie diese Technik erlernen. Das Leid ist ein Lehrer, und es lehrt uns, loszulassen und nicht an seelischen Belastungen festzuhalten. Leid zu vermeiden ist ein menschlicher Instinkt; wir schieben den Schmerz beiseite, wollen uns später damit befassen und ignorieren ihn genau dann, wenn wir ihm am leichtesten ins Auge sehen könnten. Aber machen Sie sich deshalb keine Sorgen! Es gibt immer einen Ausweg, und der liebende göttliche Humor ist auf dem Weg ins Paradies die beste Abkürzung, die ich kenne.

Wenn Sie noch in diesem Leben zur Erleuchtung gelangen wollen, seien Sie gelassen, und lassen Sie sich von Engeln begleiten. Lachen Sie an jedem neuen Wachstumspunkt auf dem Weg. Im *New Age* bieten sich viele Möglichkeiten, wenn wir spirituelles Wachstum suchen. Prüfen Sie, woher die Informationen stammen und ob sie wirklich zu Ihrem Weg passen. Wenn Sie Wahrsager aufsuchen (Auralesung, Tarotkartenlegen, Rückführung in vergangene Leben oder astrologische Beratung), sollten Sie vorsichtig sein und immer daran denken, daß diese Art von Information beschränkt ist. Nur allzuoft verwandeln sich die Aussagen von Wahrsagern und Astrologinnen in eine *self-fulfilling prophecy*, weil wir alle bis zu einem gewissen Grad beeinflußbar sind. Wenn Ihnen die Deutung nicht richtig erscheint oder etwas aussagt, das Sie in Ihrem Leben nicht wollen, irgnorieren Sie sie.

Sie können darüber hinweggehen, weil Sie wissen, daß Sie

einen freien Willen haben und in Ihrem Leben Wunder schaffen können. Streben Sie nach der Verwirklichung des höchsten Potentials in Ihrem Leben. Wenn Ihnen ein Wahrsager etwas mitteilt, was Ihnen nicht gefällt, nehmen Sie diese Information als Anhaltspunkt für den Mittelwert. Sagen Sie sich: »Wenn ich in meinem Leben nur halbe Sachen machen will, ist diese Aussage vielleicht richtig für mich, doch wenn ich den Weg bis zum Gipfel gehen möchte, sind mir keine Grenzen gesetzt, und ich kann alles erreichen.« Manchmal beziehen sich Prophezeiungen auf die Zweifel und Ängste, mit denen wir uns im Moment auseinandersetzen. Wenn sich dies durch eine prophetische Ausdeutung unseres jetzigen Zustands bestätigt, werden unsere Zweifel und Ängste nur noch bestärkt.

Denken Sie daran, daß Sie alles, was Sie wirklich wollen, auch zur richtigen Zeit bekommen werden. Im Grunde ist es doch lächerlich, wenn wir einerseits glauben, daß alles möglich ist und Wunder der Liebe geschehen können, und andererseits diesen Gedanken Grenzen setzen, indem wir auf Ratschläge einer Wahrsagerin hören.

Mit Hilfe der Engel können Sie sich die Zukunft so ausmalen und sie so gestalten, wie Sie es wollen. Engel werden Ihnen nichts von früheren Leben erzählen oder die Zukunft prophezeien. Sie inspirieren Sie dazu, Ihr Leben erfüllt und glücklich im Hier und Jetzt zu leben. Wenn Sie Ihre Informationen aus dem himmlischen Reich, der höchsten spirituellen Ebene, beziehen, sind nur Sie selbst, Gott und die Engel im Spiel. Was Sie dann erfahren, wird Ihnen nie den freien Willen nehmen oder Sie beeinflussen. Es wird Sie frei machen – frei von den Projektionen und Erwartungen anderer Menschen. Sie können stark und schöpferisch sein und in sich selbst einen Ruhepunkt finden. Dann werden Ihre Entscheidungen Ihnen selbst und den anderen nützen.

Mein Buch richtet sich an Menschen, die seelisch gesund sind und in ihrer Lebenswelt zurechtkommen. Wenn Sie

Probleme haben, die sich nicht leicht auflösen lassen, oder wenn Sie durch Zwänge blockiert sind, kann es nie schaden, mit einem Experten, einer guten Analytikerin oder einem Therapeuten zu sprechen. Verlassen Sie sich darauf, daß Engel Sie zum richtigen Helfer führen werden. Suchen Sie sich jemanden, der warmherzig ist und Erfahrung hat. Ich empfehle Ihnen, bei anderen Hilfe zu suchen und nicht bei sich selbst, denn jeder Mensch, der gesund bleiben will, braucht (außer den richtigen Vitaminen) liebevolle Beziehungen und Kontakt mit anderen Menschen.

V
Engelsforum

Persönlichkeitsprofile einzelner Engel

Engel in Menschengestalt und Engelaspiranten

Engel sind aus der Freude und Heiterkeit Gottes geschaffen. Manchmal lieben sie die Menschen so sehr, daß sie sich entschließen, Mensch zu werden. Sie tun das vielleicht aus einem besonderen Grund, zum Beispiel, weil sie die Menschen, die sie lieben, glücklich machen wollen. Oder weil sie an einer weltumfassenden Mission mitarbeiten möchten. Die Entscheidung, Mensch zu werden, ist mit Risiken verbunden, denn Engel müssen dann in einem menschlichen Körper leben und die Gefühlsstürme erfahren, die wir Menschen von Zeit zu Zeit durchmachen. Weil sie hoch entwickelt und extrem sensibel sind, ist Engeln der menschliche Alltag manchmal zuwider. Es hilft ihnen, sich seelisch zu regenerieren, wenn sie daran denken, daß sie mit dem Kreislauf des Himmels in Verbindung stehen. Sie haben die Entscheidung getroffen, Mensch zu werden, und müssen nun mit Gottes bedingungsloser Liebe verbunden bleiben, um sich nicht selbst zu zerstören.

Engel in Menschengestalt begeistern sich für menschliche Ideale. Sie wollten Menschen werden, weil sie die Freuden des menschlichen Daseins erleben möchten, also tun sie alles, um das Leben auszukosten. Das Lustige dabei ist, daß sie gewissermaßen den Dreh nicht so ganz raus haben und manchmal in spaßige Situationen geraten. Es hat den Anschein, als müßten sie erst noch lernen, wie man sich als Mensch verhält. Kinder erleben diese Engel in Menschengestalt als verwandte Seelen und fühlen sich sehr zu ihnen hingezogen.

Menschliche Engel verfügen über einen natürlichen

Charme, sie sind bezaubernd, zärtlich und witzig, und sie lachen gerne. Für sie dreht sich das Leben um die Freude im Hier und Jetzt. Sie fühlen sich zu den Engelsidealen hingezogen und wollen alles so arrangieren, daß es für sämtliche Beteiligten gut ist. Wo sie auch sind – sie erwarten, daß sie himmlischen Gestalten begegnen.

Menschliche Engel wissen, daß sie auf Erden beschützt und behütet werden. Die Zahl dreizehn bringt ihnen immer Glück. Sie bringen es fertig, daß sich jeder Aberglaube positiv für sie auswirkt. Synchronistische Ereignisse und günstige Zufälle sind für sie etwas Alltägliches. Weil sie wissen, wie man Liebe und Glück anzieht, hat ihr Leben einen ganz besonderen Zauber.

Ihre häusliche Umgebung ist vielleicht in den himmlischen Farben der Abalonenmuscheln gehalten. Irgendwo im Haus stellen sie ihre Sammlung von Versteinerungen, Kieseln, Steinen, Edelsteinen, Muscheln und Fossilien aus. Diese Angewohnheit vertieft ihre Verbindung mit dem Reich der Erde, wo Erdgeister, Elfen und Feen spielen, dadurch bleiben sie geerdet. Sonst würden sie dazu tendieren, in himmlische Regionen abzuheben.

Licht ist eine konstante Größe im Leben der menschlichen Engel. Wenn ein Raum nicht richtig beleuchtet ist, fühlen sie sich unwohl, bis sie es geschafft haben, für die richtige Helligkeit zu sorgen. Die Körper menschlicher Engel reflektieren das Licht ungewöhnlich stark. Das kann man im Sonnenlicht, bei Mondlicht und Kerzenschein und auf Fotografien feststellen. Sie sprechen gerne über Licht – über Sonnenlicht, Neonlicht, Lampen, Prismen, Kristalle, rosa Licht, über Gegenstände, die im Dunkeln leuchten, und über Mondlicht auf Wasser oder Schnee.

Oft schauen diese Engel in Menschengestalt zum Himmel auf und beobachten, was dort vor sich geht: wunderschöne Vögel an unerwarteten Orten, Wolken, die wie Engel aussehen, einen Regenbogen, obwohl es nicht geregnet hat, zahllose Sternschnuppen bei Nacht und seltsame, eindrucksvolle Erscheinungen, die man sich nicht erklären kann. Engel in Menschengestalt bewundern alles Schöne, zum Beispiel den Mondschein, Sonnenuntergänge und wunderbare Naturgeschehnisse.

Wenn Sie das Gefühl haben, Sie seien ein menschlicher Engel oder ein Mensch, der danach trachtet, ein Engel zu werden, denken Sie daran, daß Ihnen der Himmel dabei hilft. Wenn Sie also einmal genug davon haben, Mensch zu sein, sollten Sie sich daran erinnern, daß Sie diese Entscheidung getroffen haben, um den Menschen hier auf Erden Erleuchtung zu bringen. Sie lieben die Menschen so sehr, daß Sie sich entschlossen haben, selbst einer zu werden. Oder Sie haben sich entschlossen, aus dem menschlichen Dasein ein Engelsdasein zu schaffen. So oder so sollten Sie nicht vergessen, daß Ihr Ziel heißt, himmlische Unbeschwertheit auf die Erde zu bringen. Denken Sie daran, daß Sie jetzt ein Mensch sind und sich mit dem begnügen müssen, was das menschliche Dasein bereithält.

Hinweise für Engel in Menschengestalt

- Sie fühlen sich manchmal leicht und körperlos und sind überzeugt, daß Sie fliegen und durch die Wolken schweben könnten.
- Sie erleben manchmal eine solche himmlische Freude und Leichtigkeit, daß Sie in unbändiges Gelächter ausbrechen.
- Sie halten sich und andere Menschen für unschuldig, und Sie können leicht vergeben und vergessen.
- Es fällt Ihnen schwer, Geld ernst zu nehmen; Sie neigen dazu, alles eher spielerisch anzugehen, und lassen sich nicht von finanziellen Motiven leiten.

- Manchmal beobachten Sie das Leben wohlwollend, fast, als wären Sie unsichtbar. Gelegentlich hat es den Anschein, als schauten Erwachsene einfach durch Sie hindurch, als seien Sie durchsichtig. Kinder und Babys hingegen bemerken Sie immer und fühlen sich auf besondere Weise zu Ihnen hingezogen.

Wenn einer oder mehrere dieser Anhaltspunkte bei Ihnen auf Widerhall stoßen, dann bringen Sie gute »engelhafte« Voraussetzungen mit. Dieses Buch und Ihre spirituellen Brüder und Schwestern im Himmel, die Engel, können Ihnen helfen, Ihre Anlagen weiterzuentwickeln.

Sensitive Menschen

Jeder ist bis zu einem gewissen Grad sensibel, doch ein sensitiver Mensch ist mehr als sensibel. Es ist nicht immer leicht, ein sensitiver Mensch zu sein. Sensitive nehmen Eindrücke leicht und schnell auf und bemerken Dinge, die anderen entgehen. Sie fühlen sich oft für andere verantwortlich, weil sie innerlich über so vieles Bescheid wissen. Ihre Intuition ist so außerordentlich fein, daß sensitive Menschen manchmal bewußt ihre eigenen Einsichten bezweifeln, damit sie sich davon nicht so belastet fühlen. In der Regel sind sensitive Menschen hochintelligent und kreativ, doch da sie so sensibel sind, scheuen sie sich oft, ihre Begabungen offen zu zeigen. Sie befürchten, auf Ablehnung, Feindseligkeit oder Kritik zu stoßen.

Sensitive Menschen können unter Umständen die physischen Schmerzen und Empfindungen anderer miterleben oder die verletzten Gefühle eines anderen tiefer empfinden als derjenige selbst. Manchmal entwickeln sie einen automatischen Abwehrmechanismus, um nicht zuviel empfinden zu müssen. Das ist aber eigentlich nicht nötig. Sensitive können lernen, sich selbst besser zu verstehen und sich von den Schmerzen anderer innerlich zu distanzieren, ohne Abwehrmechanismen aufzubauen.

Sensitive fühlen sich zu den Ideen und der Gedankenwelt der New-Age-Bewegung oder zu anderen idealistischen und mystizistischen Religionen und Philosophien hingezogen. Bei ihrer Selbsterforschung interessieren sie sich oft für vergangene Leben und für Prophezeiungen. Dieses Bedürfnis nach Sicherheit und Führung kann zum Problem werden. Kartenlegerinnen und Wahrsager aufzusuchen wird manchmal zu einer unentbehrlichen Krücke oder zu einer Sucht; schlimmer noch, solche Praktiken halten sie unter Umständen davon ab, ganz in der Gegenwart zu leben und eigenverantwortlich zu handeln. Es kann auch sein, daß die New-Age-Bewegung für den sensitiven Menschen aus irgendeinem Grund unbefriedigend bleibt; es fehlt einfach etwas.

Eventuell rührt diese Unzufriedenheit daher, daß er aus den Augen verloren hat, was er eigentlich in der New-Age-Bewegung sucht. Wenn ein sensitiver Mensch bei unterschiedlichen Richtungen spirituelle Wahrheit sucht, weil ihm die traditionellen Religionsgemeinschaften nichts geben, muß er unter Umständen feststellen, daß ihn auch die anderen Richtungen kalt lassen. Sensitive suchen die Wahrheit, doch manchmal geraten sie auf Abwege, eben weil sie so sensibel, beeinflußbar und medial begabt sind. Doch eigentlich sollten Sensitive ihre besondere Begabung schätzen und akzeptieren. Sie müssen nur lernen, ihre Gabe so fein abzustimmen, daß sie ihnen und den Menschen in ihrem Umkreis dient.

Das Höhere Selbst sensitiver Menschen ähnelt dem eines Heiligen. Sie haben ähnliche Erfahrungen gemacht wie die Heiligen, und ihre innere Natur ist ähnlich. Wenn man ins Haus eines Sensitiven kommt, hat man manchmal fast das Gefühl, ein Kloster oder eine Kapelle zu betreten. Die Probleme der Kranken, Obdachlosen und Armen berühren sensitive Menschen so stark, daß sie entweder einen helfenden Beruf ergreifen oder davon erdrückt werden und am liebsten nicht mehr aus dem Haus gehen würden. Andererseits sind Sensitive manchmal fähig, einen Zustand zu erreichen, in dem sie beseligende Visionen oder mystische Verzückungen erleben. Diese Erfahrungen empfinden sie als heilig, ehrfurchtgebietend und vollkommen.

Oft sind Sensitive künstlerisch sehr begabt. Problematisch ist jedoch, daß ihre Sensibilität und ihre Heiligennatur sie manchmal davon abhalten, ihre Begabung auszuleben – sie haben Angst vor Ablehnung oder vor Erfolg, der ihrer Meinung nach vielleicht unverdient ist. Die Engel können sensitiven Menschen helfen, sich selbst besser zu verstehen und Mittel und Wege zu finden, wie sie über sich selbst hinauswachsen und in einer oft unsensiblen Umwelt bestehen können. Und durch Engel können sie auch lernen, ihre Begabung umzusetzen und die Welt um sie zu bereichern. Sensitive brauchen im Alltag auch manchmal eine Art Schutzpanzer. Dafür können die Engel sorgen. Mit Hilfe der Engel können Sensitive über das Menschliche hinauswachsen, wie es ihre Bestimmung ist.

Anhaltspunkte für die sensitive Persönlichkeit

- Sie haben das Gefühl, mit anderen so stark zu verschmelzen, daß Sie deren physische und seelische Schmerzen empfinden. Sie haben Mitleid mit allen, nicht nur mit sich selbst.
- Sie scheinen medial begabt, und Sie nehmen Eindrücke leicht auf. Sehr oft denken Sie etwas, und der Mensch, mit dem Sie gerade zusammen sind, spricht es dann aus, oder umgekehrt.

- Die Leute machen oft Bemerkungen über Ihre extreme Sensibilität.
- Erlebnisse sind manchmal so vollkommen überwältigend, daß Sie zumachen oder sich entziehen.
- Sie haben eine Schwäche für Astrologie, Prophezeiungen, Tarot. metaphysische Phänomene, und Sie ziehen sich gern in ein dunkles Zimmer zurück, um sich zu erholen.
- Sie haben einen sehr ausgeprägten Wahrheitssinn. Sie wissen manches, aber Sie sprechen nicht davon.

Liebe und Freundlichkeit

Lieben, um geliebt zu werden, ist menschlich,
doch lieben um der Liebe willen ist engelhaft.

Alphonse de Lamartine

Ich bat einmal meine vierjährige Nichte, mir zu sagen, was sie über Engel weiß. Sie antwortete: »Ich glaube, sie leuchten im Dunkeln ... Und natürlich weiß jeder, daß sie Füße haben.« Doch das Wichtigste war für sie, daß Engel kleine Kinder lieben. Ich sagte, das glaubte ich auch, und meinte dann, da sie ja selbst noch ein kleines Kind sei, wisse sie vielleicht, ob die Engel eine Botschaft für alle Menschen auf der Erde hätten. Sie erwiderte schnell: »Ja. Seid freundlich zueinander und liebt einander!«

Kurz nach diesem Gespräch hatte ich Gelegenheit, einen Vortrag des Dalai-Lama zu hören. Der Dalai-Lama ist das spirituelle Oberhaupt der tibetischen Buddhisten; er mußte seine Heimat verlassen und lebt im Exil. Die Stimmung im Publikum beflügelte mich von Anfang an – ich fühlte mich getragen von einem Ozean der Liebe. Ich hatte das Glück, weit vorne im Zuschauerraum zu sitzen, wo auch die tibetischen Familien saßen. Als der Dalai-Lama eintrat, beobachtete ich ihre Gesichter. Ich war tief berührt und hatte das Gefühl, ganz in ihre Welt einzutauchen. Noch bevor ich wußte, daß dies das Thema des Vortrags sein würde, empfand ich wahres Mitgefühl.

Im Grunde genommen vermittelte uns der Dalai-Lama dieselbe Botschaft, die auch meine Nichte von den Engeln erhalten hatte. Das Thema seines Vortrags lautete: »Ein menschlicher Weg zum Weltfrieden.« Er erklärte, Mitgefühl für andere zu praktizieren sei ein Weg, innere Festigkeit und Verantwortungsgefühl gegenüber der Familie der Menschheit zu entwickeln. Mitgefühl gibt Sicherheit und innere Kraft, wir sind weniger ängstlich und entwickeln Selbstvertrauen und Aufmerksamkeit. Was der Dalai-Lama Mitgefühl nennt, kann man auch als Altruismus bezeichnen. Wenn Sie sich einem armen Menschen gegenüber freundlich und einfühlsam verhalten, beruht Ihr Mitgefühl auf altruistischen Erwägungen. Andererseits beruht die Liebe zu Ihrem Partner, Ihrem Geliebten, Ihrer Gefährtin, Ihrer Freundin oder Ihren Kinder in der Regel auf persönlicher Zuneigung. Wenn sich die Zuneigung ändert, ändert sich auch Ihre Freundlichkeit (oder sie verschwindet sogar ganz). Wirkliche Liebe basiert nicht auf Zuneigung, sondern auf Altruismus.

Der Dalai-Lama sagte, die Hauptquelle höchsten Glücks und höchster Freude seien geistige Stabilität und geistiger Friede. Mehrere Dinge können den geistigen Frieden beeinträchtigen. Zu ihnen zählt der Ärger. Ärger schränkt die Kraft des Geistes ein – und das nützt niemandem und dient lediglich als Schutz vor etwas, was geschehen *könnte*. Der Ärger täuscht uns. Ein Mensch kann Ihr Eigentum, Ihren Körper, Ihre Freunde und alle vermeintlichen Quellen Ihres Glücks zerstören, doch echte geistige Stabilität und wirklichen Seelenfrieden kann niemand zerstören, außer Sie erleiden eine

Gehirnverletzung. Wir sind Geist; wir sind Bewußtsein. Der wirkliche Feind unseres Friedens existiert nicht außerhalb, sondern in uns, wie beispielsweise der Ärger.

Die Grundlage zur Lösung menschlicher Probleme besteht darin, daß sich die menschliche Einstellung ändert. Wenn wir glücklich sind, wirklich bedingungslos glücklich, wenn wir Seelenfrieden empfinden, dann können wir anderen mühelos liebevoll und freundlich begegnen, weil wir aus einer unbegrenzten Quelle schöpfen.

Diese Aussage ist mir vor allem auch deshalb so wichtig, weil sie die Botschaft der Engel zusammenfaßt. Zuallererst wollen uns Engel sagen, daß wir unsere Mitte finden müssen – den Ort, wo wir es nicht mehr nötig haben, alles als gut oder schlecht zu beurteilen, und wo der Ärger nicht mehr unseren inneren Frieden stört. Mit der geistigen Stabilität finden wir wahren Frieden und wirkliches Glück. Mit Frieden und Glück kommt der Drang, mit uns selbst freundlich und liebevoll umzugehen, so daß wir auch anderen freundlich und liebevoll begegnen können. Das ist der erste Schritt zum Weltfrieden, und diese Botschaft ist für die heutige Zeit von ausschlaggebender Bedeutung. Wir dürfen nicht, nur weil wir dem vermeintlichen Glück eines kurzen Lebens nachlaufen, die Erde noch weiter zerstören und übervölkern und sie unseren Enkeln und Urenkeln in einem noch schlimmeren Zustand hinterlassen.

Ich möchte nicht von der schlichten, ursprünglichen Botschaft ablenken, also überlasse ich es Ihnen selbst, Ihren geistigen Frieden zu finden. Ich hoffe, dieses Buch kann dazu beitragen. Die Botschaft ist zeitlos und transzendiert alle kulturellen und materiellen Schranken. Machen Sie den ersten Schritt – »Seid freundlich zueinander und liebt einander« – jetzt, bevor es zu spät ist. Nehmen Sie diese Botschaft als Aufforderung, hier auf der Erde mit Engelskräften zu wirken.

Anhang

Informationen und Stichworte zum Thema »Engel«

Meinungsumfragen

Einer Umfrage des Gallup-Instituts aus dem Jahr 1978 zufolge (Titel: *Eine überraschend große Zahl von Amerikanern glaubt an übersinnliche Phänomene*) glauben 54 Prozent aller Amerikaner an Engel; unter den Befragten, für die ihre religiöse Überzeugung wichtig ist, sind es sogar 68 Prozent. Die Umfrage ergab, daß die Menschen, die an übernatürliche Wesen glauben, in der Regel jünger sind und eine bessere Ausbildung haben.

Nach einer Gallup-Umfrage aus dem Jahr 1988 (Titel: *Immer mehr Teenager glauben an Engel*) haben noch nie zuvor so viele Jugendliche an Engel geglaubt. Drei von vier Jugendlichen, das heißt 75 Prozent der amerikanischen Teenager, sind überzeugt, daß es Engel gibt.

Glossar

Ange passe: Diese französische Redewendung bedeutet: »Ein Engel fliegt vorbei«. Wenn eine Gesprächspause eintritt, sagen die Franzosen, »ange passe«, weil die Stille darauf hinweist, daß ein Engel vorüberfliegt.

Engeltasche: Mit diesem Begriff, geprägt von Mary Beth Crain, wird ein Hilfsmittel bezeichnet, in das Sie unwillkommene Energien und Personen stecken können, die störend in Ihr Leben eingreifen. Die Engel werden sich der Sache annehmen und sie weit wegbringen (möglicherweise bis zum Planeten Pluto).

Kairos: Ein Augenblick von Gottes Gnaden, in dem Engel das Ihre tun – ein günstiger Moment, in dem die richtigen Bedingungen herrschen, um etwas Entscheidendes zu tun.

Affirmation des Erzengels Michael

Göttliches Licht der höchsten Ordnung unter dem Schutz des Erzengels Michael. (Wiederholen Sie dies dreimal, wenn Sie Schutz brauchen.)

Symbole im Umkreis der Engel

Engel werden oft mit folgenden Symbolen dargestellt:

Die Lilie: Symbol der Reinheit
Der Palmzweig: Symbol des Sieges
Das Musikinstrument: symbolisiert Lobpreisung
Die Trompete: die Stimme Gottes
Der Weihrauchkessel: symbolisiert Anbetung und Gebet
Der Pilgerstab: symbolisiert Bereitschaft
Flügel: symbolisieren die Geschwindigkeit und Schnelligkeit, mit der die Engel die Befehle Gottes ausführen
Der Strahlenkranz (Nimbus): bezieht sich auf die Lichtwolke, die Gottheiten umgibt, wenn sie auf Erden erscheinen – eine Aura, die Geistwesen aus der himmlischen Sphäre umgibt
Der Heiligenschein: das heilige Licht, das den Kopf eines Engels umgibt; das Licht, das vom Kopf ausgeht
Die Aureole: die Lichtaura, die die Gestalt eines Engels oder Menschen umgibt

Der Glorienschein: Heiligenschein und Lichtaura zusammengenommen

Das Diadem: Krone oder Stirnreif, Symbol der königlichen Macht.

Ordnungen der Engel

Die Scharen der Engel gliedern sich in drei Ordnungen, jede besteht aus drei Chören, es gibt also ingesamt neun Engelschöre.

Die Engel, die Gott am nächsten sind

1. *Die Seraphim:* Reinigende und lichtspendende Kräfte. Sie werden mit sechs Flügeln und von Feuer umgeben dargestellt, ihr Anführer ist Uriel, und sie rufen einander zu: »Heilig, heilig, heilig ist der Herr Zebaoth« (siehe Jesaja 6,3).
2. *Die Cherubim:* Sie haben die Kraft der Allwissenheit, sie werden mit vieläugigen Pfauenfedern dargestellt, die ihre Wissenskraft symbolisieren. Ihr Anführer ist Jophiel.
3. *Die Throne:* Sie werden als Feuerräder gezeigt, ihre Schlichtheit wurde durch Läuterung gewonnen. Sie sind die Träger von Gottes Thron und verkörpern göttliche Majestät. Ihr Anführer ist Japhkiel.

Die Priesterfürsten am himmlischen Hof

4. *Die Fürstentümer:* Sie streben wahre Meisterschaft an, sie tragen Szepter und Schwert, was die göttliche Macht über die gesamte Schöpfung symbolisiert. Ihr Anführer ist Zadkiel.
5. *Die Herrschaften:* Sie verkörpern den Willen Gottes, sie tragen die Werkzeuge der Passion Christi. Ihr Anführer ist Haniel.

6. *Die Mächte:* Rechtmäßige Autoritäten, sie tragen flammende Schwerter, um die Menschheit zu schützen. Ihr Anführer ist Raphael.

Die dienenden Engel

7. *Die Kräfte:* Fürstliche Mächte, sie wachen über die Herrscher der Menschen und tragen Szepter und Kreuze. Ihr Anführer ist Chamael.
8. *Die Erzengel:* Führer der Engel, ihr Anführer ist Michael.
9. *Die Engel:* Lichtwesen, welche die göttlichen Mysterien offenbaren. Sie haben innerhalb der himmlischen Heerscharen keinen speziellen Rang oder besondere Aufgaben.

Engel, die helfen und inspirieren

Raphael

Hebräisch *Rapha'* (heilen) und *'el* (Gott): Gott hat geheilt

Raphael heißt, Gott heilt oder göttlicher Heiler

Anführer der Mächte

Seine Aufgabe ist es, die Erde zu heilen, und durch ihn wird die Erde zur Wohnstatt der Menschen, die er ebenfalls heilt

Heilen und Gnade: Er lenkt seine heilenden Strahlen in Krankenhäuser, Anstalten und Heime, wo seine heilenden Strahlen benötigt werden

Intellekt, Neugierde und Unterweisung in den Wissenschaften

Bewahrer und Schatzmeister kreativer Talente

Symbol: Schwert oder ein Pfeil, der gut geschärft ist

Er trägt eine Balsamphiole

Tageszeit: Morgendämmerung

Jahreszeit und Farben: Frühling, helle Grünschattierungen und alle Blautöne

Biblische Geschichte: Tobias

Michael

Hebräisch *Mikha'el* heißt »Wer ist Gott?« Sein Name ist ein Schlachtruf

Anführer der himmlischen Heerscharen, Führer der Erzengel, himmlischer Vizekönig

Auch als St. Michael bekannt

Der Herr des Weges

Er tötet den Drachen des Bösen

Hüter heiliger Stätten

Herrscher des vierten Himmels

Oft mit dem Heiligen Geist gleichgesetzt

Engel des Mittags, trägt Rüstung, Schild und Waffe

Bekämpft zuerst den Satan und seine Teufel, dann alle Feinde von Gottes Volk

Bekannt als Engel, der Menschen, Gruppen oder Orte von Zwietracht und vom Bösen reinigt

Verkörpert das Richtige, das Schöpferische, das, was getan werden sollte

Meister der Gleichgewichtsenergie

Element: Feuer, Reinigung, Vollkommenheit

Jahreszeit und Farben: Sommer, Tiefgrün, lebhafte Blautöne, Gold und Rosenrot

Man ruft ihn als Helfer gegen alle Widrigkeiten an, wenn man Mut und einen starken Verteidiger braucht: Erfolg

Wochentag: Sonntag

Die Sonne

Himmelsrichtung: Süden

Rote Kerze

Gabriel

Hebräisch *gebher* und *el* heißt »Mensch und Gott«

Gabriel heißt Mensch Gottes oder Kraft Gottes

Bibel: verkündet der Jungfrau Maria die Geburt Jesu und kündigt Jesus durch den Propheten Daniel an

Herrscht über das Paradies
Sitzt zur Linken Gottes
Wird mit der Trompete, dem Symbol der Stimme Gottes, in Verbindung gebracht
Wird in der Regel mit einer Lilie, einem Olivenzweig oder einer Fackel dargestellt
Überbringt gute Nachrichten und führt Veränderungen herbei
Verkündigung, Wiederauferstehung, Gnade, Wahrheit
Die Kraft Gottes
Zeugung und Wiederauferstehung
Liebe ist seine große Macht
Später Nachmittag: friedliche Schwingung
Fließende Aktivität, Wasser
Herbst: Lohfarben, Brauntöne, dunkle Grüntöne
Himmelsrichtung: Westen
Wochentag: Montag
Wichtige Gestalt im Islam: Schutzengel des Propheten Mohammed
Inspirierte Jeanne d'Arc, dem König von Frankreich zu helfen

Uriel
Hebräisch: Feuer Gottes
Engel der Prophetie, inspiriert Schriftsteller und Lehrer
Engel der Schriftauslegung und der Rettung
Wird mit dem Symbol der Schriftrolle dargestellt
Anführer der Seraphim
Der Alchimist, der hilft, durch Wandlungsideen Ziele zu erreichen
Engel des Monats September
Wird mit den Künsten in Verbindung gebracht, insbesondere mit der Musik

Haniel
Ruhm oder Gnade Gottes
Alle Kräfte der Liebe
Beherrscher der Venus
Angerufen als Kraft gegen das Böse
Engel des Monats Dezember

Metatron
König der Engel
Prinz des göttlichen Antlitzes
Beauftragt, die Menschheit zu erhalten
Bindeglied zwischen dem Menschlichen und dem Göttlichen
Größter Engel im Himmel
Lebt im siebten Himmel (dem Aufenthaltsort Gottes)
Höchste Macht der Fülle
Wenn er angerufen wird, kann er als Feuersäule erscheinen, und sein Gesicht leuchtet heller als die Sonne

Raziel
Geheimnis Gottes
Engel der Mysterien
Wissen; Behüter des Schöpferischen
Lebt in Chokmah, dem Reich der reinen Vorstellung

Auriel
Engel der Nacht
Wird mit der Erde in Verbindung gebracht
Winter: Er ist die kreative Kraft der kargen Jahreszeit
Der Samen ist in der Erde, und alles ist dunkel
Hilft uns, über die Zukunft nachzudenken
Winterfarben: Schwarz, Braun, Grau

In Kürze

Michael: Mut, starke Verteidigung, göttlicher Schutz, Schild und Schwert

Gabriel: Überbringt Botschaften, führt Veränderungen herbei, Trompete

Haniel: alle Kräfte der Liebe

Raphael: Gott hat geheilt, goldene Balsamphiole

Uriel: Notfälle, Urteilsvermögen, Schriftrolle

Raziel: Wissen, Hüter des Schöpferischen, lebt in Chokmah, dem Reich der reinen Vorstellung

Camael: Kraft der zwischenmenschlichen Beziehungen, Selbstdisziplin

Metatron: höchste Macht der Fülle, Himmelskanzler

Die Abbildung auf dem Umschlag dieses Buches wurde uns freundlicherweise von der arsEdition zur Verfügung gestellt. Sollten Sie Lust auf weitere magische Bilder haben, finden Sie hier eine Auswahl:

»Versuche

MAGIC EYE

nichts

ISBN 3-7607-8297-3
Das Magische Auge I
Dreidimensionale
Illusionsbilder
von Tom Baccei
(N.E.Thing Enterprises)
DM 29,80
öS 233,00 / sFr 29,80

zu sehen,